U0524430

核战边缘
On the Brink of Nuclear War
古巴导弹危机

"口袋中的世界史"丛书
丛书主编：沈志华
执行主编：梁　志

Cuban
Missile Crisis

赵继珂 ——— 著

天津出版传媒集团
天津人民出版社

图书在版编目(CIP)数据

核战边缘:古巴导弹危机 / 赵继珂著. -- 天津:天津人民出版社, 2024.1
("口袋中的世界史"丛书 / 沈志华主编)
ISBN 978-7-201-15048-2

Ⅰ.①核… Ⅱ.①赵… Ⅲ.①加勒比海危机(1962)—通俗读物 Ⅳ.①D851.22-49②D871.22-49

中国国家版本馆CIP数据核字(2023)第043645号

核战边缘:古巴导弹危机
HEZHAN BIANYUAN GUBA DAODAN WEIJI

出　　版	天津人民出版社
出 版 人	刘锦泉
地　　址	天津市和平区西康路35号康岳大厦
邮政编码	300051
邮购电话	(022)23332469
电子信箱	reader@tjrmcbs.com
策划编辑	王　玙
责任编辑	武建臣
特约编辑	曹忠鑫
封面设计	汤　磊
印　　刷	天津海顺印业包装有限公司
经　　销	新华书店
开　　本	880毫米×1230毫米　1/32
印　　张	3.25
插　　页	5
字　　数	50千字
版次印次	2024年1月第1版　2024年1月第1次印刷
定　　价	42.00元

版权所有　侵权必究
图书如出现印装质量问题,请致电联系调换(022-23332469)

"口袋中的世界史"丛书
编委会

主　　编：沈志华

执行主编：梁　志

编委会成员（按姓氏笔画排序）：

朱　明　沐　涛　沈志华　陈　波

孟钟捷　姚　昱　梁　志　谢国荣

执行主编

梁志

历史学博士,现任华东师范大学历史学系教授、系主任,研究方向为冷战史、当代中国对外关系史。

本书作者

赵继珂

历史学博士,现为华东师范大学历史学系、社会主义历史与文献研究院副教授,研究方向为冷战史、美国外交史。

总　序

历史系的青年教师们与天津人民出版社合作,计划出版一套通俗世界史读物,面向青少年,名曰"口袋中的世界史",请我作序。

接到这个"任务",脑海里立即呈现出我儿时读历史书的情景。我上小学时的历史知识都是来自"小人书"——《三国演义》《杨家将》《水浒传》等,到初中时,爱不释手的就是中华书局出版的《中国历史小丛书》了。这套书的主编是著名明史专家吴晗,作者也大都是名已见经传的历史学者。到20世纪60年代中期左右,该丛书共出版了一百四十多种,有人物、事件、古代建筑和名胜古迹,文字简洁,通俗易懂,还有名家插图。我想,我对历史研究的最初的兴趣或许就是从这里开始的。

如今已经是信息爆炸的网络时代了,获取历史知识的渠道和方式十分丰富。不过,对于青年人,特别是青少年来说,为他们编写一套专业、精致而又简易的历史小丛书还是很有必要的,特别是在世界历史方面。青少年在走进世界之前,首先应该大致了解世界,这就需要读一点世界史,而仅靠应试教育的中学历史课程恐怕很难做到这一点。20世纪60年代,英国历史教育曾经出现了一次危机,英国学校委员会经过调查发现,学生们不喜欢枯燥无味的历史课,有学者甚至认为历史学科可以并入社会学科。于是,历史研究者和历史教师要向公众解释:历史教育为什么重要,为什么必须保留?这次危机导致了英国历史教育的重大改革,各地历史教师组成多个研究组织,探讨了使历史教学可以做到丰富多彩、引人入胜的途径和方式,其中增加历史游戏、历史戏剧和课外读物就是重要的内容。

梁志教授告诉我,第一辑有六本书计划出版,包括希腊内战(危机)、匈牙利危机、刚果危机、柏林危机、古巴导弹危机、"普韦布洛"号危机;第二辑包括世界历史上的六场战争;以后还会有人物辑、地理辑、科技辑、经济辑等。对于今天的中国历史教学来说,如果能够出版一套既能体现最新史学理念和成果,又多姿多彩、通俗易懂的世界史丛书,帮助青少年了解世界,并形成"睁眼看世界"的思维方式,进而通过课内外结合提升中学历史教育的有效性,或许能够走出历史教育的某些困境,也为中国这一代青少年走向世界奠定坚实的思想基础。

我非常期待"口袋中的世界史"能够顺利出版,并延续下去。

沈志华

2023年5月

写给读者

经过三年的筹备,"口袋中的世界史"丛书的第一辑终于和大家见面了。本辑的主题为"冷战中的国际危机",考虑到地域和时间分布以及危机类型等各种相关因素,选取了希腊内战危机、匈牙利危机、刚果危机、柏林危机、古巴导弹危机、"普韦布洛"号危机,呈现给大家。

冷战可以被视为是距离当下最近的一段历史了。概言之,冷战是东西方两大阵营之间长期的竞争与对抗,本质上是一种非战非和的状态。恰恰是就这一点而言,国际危机可能是东西方冷战时期国家间关系的一种"常态"。正因如此,在核武器问世并逐渐成为全球毁灭性力量的情况下,如何应对国际危机特别是防止国际危机演化为战争乃至世界大战,成为各国政要关心的重要议题。在古巴导弹危机后,美国国防部长罗伯特·麦克纳马拉宣称:"今后战略可能将不复存在,取而代之的是危机管理。"由此,国际危机管理成为政治家、媒体、学者乃至于大众共同关注的一个概念。

本辑选择的国际危机涉及亚非美欧各大洲,时间从20世纪40年代后半期一直延续到60年代末。这六次国际危机类型丰富,有内战危机、核危机和情报危机等。影响国际危机走向和结局的因素很多:本土各派势力的实力对比与博弈;超级大国(个别情况下也包括地区大国)的反应特别是保持克制的程度(谈判并做出妥协的意愿如何,是否接受调停或倾向于动武等);国际上包括联合国在内的相关方的调停意愿与能力;各有关国家领导人(有时也包括各级军官)在危机期间对突发事件的判断和应对。

重温这六次国际危机的来龙去脉,可以从中窥见一段段跌宕起伏、惊心动魄的历史故事:既有政治家展现出来的大国智慧,又有普通人面对历史大势的隐忍无奈;既有国际秩序和国际格局对一国的刚性束缚,还有偶发因素影响下的历史"转弯";既有冷战政治与人道主义之间形成的有限张力,更有各种复杂要素共同构成的无限合力。

故事的情节固然精彩，但远没有防止国际危机恶化乃至爆发战争的经验和教训可贵。我和几位志同道合的中青年历史学人一直致力于史学研究，在出版社朋友的建议下，策划了丛书第一辑的出版。口袋是"小"的，历史是"大"的，希望这套小口袋书能够给读者打开历史大视野，从中国放眼世界，在世界中认识中国。

梁 志

2023年5月

目 录

楔　子 / 1

一、美国后院起火 / 3
1. 卡斯特罗上台 / 3
2. 美古关系持续恶化 / 8
3. "冥王星行动"无果而终 / 14

二、"猫鼬"与"刺猬"的对决 / 20
1. "猪湾登陆"惨遭团灭 / 21
2. "猫鼬行动"启动 / 32
3. 赫鲁晓夫投下"刺猬" / 38

三、两个强人的艰难抉择 / 47
1. U-2侦察飞机发现端倪 / 48
2. 封锁还是打击？ / 52
3. 肯尼迪发表电视讲话 / 61

4.乱中抉择 / 65

5.赫鲁晓夫发表撤离声明 / 72

四、导弹危机的后续故事 / 77

1.美苏究竟谁是赢家？ / 77

2.苏古关系风雨之后又见彩虹 / 80

3.未讲完的故事 / 85

参考资料 / 89

楔　子

1962年10月14日星期天，破晓时分，天空晴朗无云，美国U-2高空侦察机飞行员小鲁道夫·安德森少校接到了上司下达的命令，侵入古巴领空执行摄影侦察任务。这次飞行原本应该安排在10月11日进行，但从11日至13日连续3天天气不好，古巴西部上空阴云密布，受当时的摄影侦察器材性能所限，还无法穿透厚重的云层拍到清晰的照片，所以行动只好推迟到了14日才进行。作为自卡斯特罗上台美古两国关系恶化以来的一次常规侦查活动，驾机进入古巴领空后，安德森只是根据常规操作要求开展工作，按照一定的拍摄间距一次次地往返飞行，然后由机载高速自动摄影机"咔咔咔"地拍摄下地面的景况。由于古巴防空网尚未完善，安德森顺风顺水地完成了此次飞行任务，并于当天傍晚时分驾机返回了基地，跳出座舱之后他便跑去参加舞会了。至于后续的航拍胶片冲洗研判等工作,则交给了其他的美国地勤工作人员和专业情报人员去负责。但令美国及整个国际社会感到震惊的是,恰恰是此次飞行揭开了苏联试图掩盖的一个惊天秘密。

一、美国后院起火

一场严重的国际危机当然不会凭空发生,古巴导弹危机同样也不例外。要想讲清楚古巴导弹危机的故事,有必要首先向大家简单介绍一下有关古巴革命战争的故事,特别是菲德尔·卡斯特罗(Fidel Castro)[①]在1959年推翻巴蒂斯塔政权之后的美国与古巴关系的变化。

1. 卡斯特罗上台

1940年,在美国支持下,陆军上校富尔亨西奥·巴蒂斯塔(Fulgencio Batista)在古巴建立独裁政权。为了维持其独裁统治,巴蒂斯塔完全听命

[①] 菲德尔·卡斯特罗(1926年8月13日—2016年11月25日),有的传记书中谈到他的出生年份时认为他实际出生于1927年,作为古巴革命武装力量、古巴共和国、古巴共产党的主要缔造者,被誉为"古巴国父"。

于美国。在其统治下，当时美国的垄断资本控制了古巴的经济命脉，古巴80%的铁路、电话、海运、航运等公用事业，90%的采矿业，90%的牧场，接近100%的石油工业，都由美国垄断资本控制。此外，美国驻哈瓦那大使还成了这个岛国的"第二号重要人物"，1957—1959年曾担任美国驻古巴大使的厄尔·史密斯（Earl E. T. Smith）于1960年在接受美国参议院听证的时候便坦言，美国驻古巴大使"有时甚至比古巴总统还要重要"。而出于维持独裁政权的目的，除高度依附美国之外，巴蒂斯塔在古巴还特别采取了一系列反动措施：解散议会、废除带有资产阶级性质的宪法，制定反人民

1938年11月10日，访美的巴蒂斯塔（穿军服者）与美国陆军参谋长握手

的《宪法条例》，禁止罢工和群众集会、结社，在外交政策上积极支持美国的冷战政策，采取果断措施坚决反对共产主义，与苏联断绝外交关系等。

由于过分取悦美国，巴蒂斯塔政权的这些措施不可避免地招致了古巴中下层民众的强烈不满和愤恨，古巴革命运动由此开始孕育。早在1953年7月26日，当时还是青年律师的卡斯特罗便领导古巴爱国青年发动了对军事要塞蒙卡达兵营的突袭，最终因寡不敌众而失败，卡斯特罗则身陷囹圄。1955年5月获释出狱后，他又流亡到墨西哥并在那里建立了革命组织"七·二六运动"①，其后于1956年12月2日率领82名流亡墨西哥的追随者，乘"格拉玛"号游艇在古巴海岸登陆，受挫后转入马埃斯特腊山区，展开了反对巴蒂斯塔政权的游击战争。

功夫不负有心人，经过两年的持续斗争，加之充分动员民众，卡斯特罗终于赢得了最后的胜利。

---

① 卡斯特罗特意选取攻打蒙卡达兵营的日子来命名新成立的革命组织，在卡斯特罗领导古巴取得革命胜利之后，1961年"七·二六运动"组织与古巴人民社会党（古巴共产党）和"三·一三革命指导委员会"合并组成古巴社会主义革命统一党，1955年该党改名为古巴共产党。

1958年12月31日,卡斯特罗指挥的武装力量攻入首都哈瓦那,推翻了巴蒂斯塔的独裁统治。1959年1月1日,以卡斯特罗为首的古巴革命政府正式接管了政权,并建立了以"七·二六运动"成员为核心的新政府,卡斯特罗任临时政府武装部队司令,同年2月任总理。

虽然卡斯特罗推翻的是美国扶持的巴蒂斯塔政权,但此处需要特别强调的是,在古巴革命胜利的初始阶段,卡斯特罗却并不想破坏古巴同美国的友好关系。为此,这位古巴新领导人特别发表声明称古巴革命并非共产党领导,因为他本人既非共产党,也与共产党没有任何联系。此外,卡斯特罗还特别表示古巴不打算采取"苏联模式",在美苏冷战中他的心"同西方在一起",并有兴趣寻求美国的经济援助。1959年1月初,接受记者采访被问及是否会接受美国的技术援助时,卡斯特罗明确表示愿意接受一切援助;2月,他又公开表示欢迎外国资本直接投资古巴工业。

此外,革命成功后卡斯特罗更是特别选择将其出访的第一站定为了美国。1959年4月15日至26日,他应美国报纸编辑协会邀请访问美国。

由于美国民众普遍支持卡斯特罗的执政,认为他将给古巴带来"民主"和"社会正义",加之时年32

1959年访美期间,卡斯特罗和一群美国美女粉丝交谈

1959年访美期间,一名仰慕卡斯特罗的孩子在欣赏他的胡须

岁的卡斯特罗形象英俊硬朗、富于明星气质,其率领的古巴代表团还不惜花费重金聘请了一家公关公司,专门负责为卡斯特罗包装形象,使其受到了美国普通民众的热烈欢迎,所到之处无不掀起了一股"卡斯特罗热"。例如,在受邀参加美国摄影师协会的歌舞会时,卡斯特罗一直被一群美女簇拥着谈笑风生,在给美女粉丝签名时,竟然还有美女主动献吻卡斯特罗。

2.美古关系持续恶化

尽管卡斯特罗上台后频繁向美国政府示好,然而这些举动却没能打消美国对古巴革命的疑虑。这从美国政府如何应对他的首次出访中便可以看出端倪。起初,美国国务院甚至考虑拒绝给他颁发签证,尽管后来美国国务院官员态度略有转变,特别是鉴于"美国国内民众对卡斯特罗抱有广泛的兴趣",因此建议艾森豪威尔应该利用该机会与之接触,但艾森豪威尔却对美国报纸协会私自邀请卡斯特罗访美的做法感到不满,最后竟然以度假打高尔夫球的名义,将接见工作推给了副总统尼克松。4月19日,美国副总统与来访的卡斯特罗举行了长达三个小时的会谈。利用此次会谈的机会,卡斯特罗详细地向尼克松说明了古巴面临的社会和经济问题,并介绍了古巴政府计划采取的政治举措,然而尼克松"只是听着,什么也没有说,也没有发表任何评论"。

1959年访美期间,卡斯特罗同美国副总统尼克松举行会晤

根据解密档案资料披露,此次会谈结束后,尼克松专门给国务院和中央情报局写了一份备忘录,认为不论美国对卡斯特罗有什么看法,"他即将成为影响古巴并且很可能影响整个拉丁美洲事态发展的一个重大因素",并特别强调由于卡斯特

罗拥有领导能力,很有可能成为一个强硬的领导人,美国"应该力图使他转到正确的轨道上来"。与档案资料披露的尼克松较为客观理性地评价卡斯特罗有所不同的是,在1962年出版的《六次危机》一书中,尼克松在重新回顾此次会谈的情况时却作了另一番描述,称会谈之后他就敦促美国政府对古巴奉行强硬立场,反对国务院提出的与古巴共处的建议。不知是由于尼克松的上述建议发挥了作用,还是出于对卡斯特罗的不放心,1959年5月,艾森豪威尔政府拒绝了卡斯特罗在美洲国家组织经济会议上提出的希望美国给予拉丁美洲300亿美元援助的请求。

部分原因是为了缓解国内的经济困难,1959年5月17日,称将古巴政府颁布土地改革法,下令征收美国人拥有的大种植园土地,然后将这些土地分发给农民和没有土地的农场工人。对此,美国投资者提出强烈抗议,批评古巴政府此举严重违反国际法,威胁称将考虑关闭在古巴的企业;美国政府也做出强烈反应,国务院照会古巴政府,强调对其公民被征收的土地是否得到赔偿"深表关切",威胁称如果美国地产所有者不能根据国际法得到"尽快的、适当的和有效的赔偿",美国将采取包括削减从古巴购糖的定额、禁止美国人对古巴的私人投资及停止对古巴的经济援助等报复举措。然而美国的上述强硬举措非但没能使卡斯特罗屈服,相反越发将卡斯特罗推向了敌对一面,因为美国对古巴农业改革的反应使卡斯特罗认识到,古巴基本不存在与美国和解的机会。

令美古关系更加恶化的是,1959年夏天古巴政府空军司令迪亚斯·兰斯(Diaz Lanz)①策划政变

---

① 兰斯于1926年11月8日出生于哈瓦那,因迷恋飞行,在高中毕业两年之后正式成了一名飞行员,并在古巴国内一家民用航空公司担任驾驶员,负责运送哈瓦那和美国迈阿密间的货物。因不满巴蒂斯塔独裁政权,兰斯于1957年参加了"七·二六运动"组织。从1958年3月20日开始,他利用工作之便开始从哥斯达黎加和美国的佛罗里达州把武器弹药空运到山区支援游击队,据统计,在古巴革命战争的最后进攻阶段,游击队70%的武器都来自他的空运。因此,革命成功之后,他被古巴民众视为英雄。1959年1月1日,卡斯特罗任命他为空军司令员并兼任卡斯特罗的私人飞行员,授予当时古巴最高的少校军衔。就任空军司令后,经卡斯特罗批准,兰斯说服多位巴蒂斯塔政权的飞行员加入革命空军,但几个月后,这些飞行员却有人因为在前政权时期的罪行被捕判刑,为此兰斯对卡斯特罗产生了不满;此外,由于兰斯还是一名坚定的反共产主义人士,这不可避免与以劳尔·卡斯特罗(Raúl Castro Ruz)(菲德尔·卡斯特罗的弟弟,同为古巴革命的重要领导人)为代表的古巴共产党人士经常爆发冲突。随着与兰斯意见不合逐渐加剧,6月29日,卡斯特罗解除了兰斯的空军司令一职,而他立即带着一家人乘船悄悄逃亡到美国佛罗里达州。到美国之后他被中央情报局招募,专门从事各种反卡斯特罗的破坏活动和暗杀行动,而古巴政府也长期把他视作危险的敌人。

失败之后,在美国联邦调查局的帮助下逃到美国,并在美国参议院作证时称卡斯特罗正在力图把古巴变成一个苏联控制下的共产党国家。10月21日,兰斯又驾驶一架B-25轰炸机从佛罗里达飞到哈瓦那上空,投下数以千计由他署名的传单,宣称卡斯特罗是共产党人(其实当时卡斯特罗还不是共产主义者),号召人民推翻他。卡斯特罗自然把这些账都算到了美国头上,认为正是美国政府指使和撺掇兰斯做出这些反对古巴的举动,因此他对美国提出严厉谴责,两国关系由此开始急剧恶化,同时古巴全岛开始涌起反美浪潮。在不断疏远与美国关系的同时,古巴开始增加同苏联的接触。1960年2月,苏联部长会议第一副主席米高扬(Mikoyan)访问古巴,双方签订了经济贸易协定,其中规定苏联将在当年购买古巴食糖42.5万吨,以后4年每年购买100万吨,同时苏联还将向古巴提供技术援助。5月,古巴同苏联恢复了外交的关系。古巴的举动无疑进一步加剧了美国对它的敌视。

为了正确判断古巴局势的未来发展动向,美国中央情报局很快便根据相关情报信息制作了详细的评估报告,并得出结论:卡斯特罗政权已经抛弃了古巴原来奉行的亲西方、反共的政策;随着共产党对古巴政府影响的加强,尽管卡斯特罗声称采取的是中立政策;但实际上古巴已走向强烈反美的道路且与共产党国家的关系变得越发紧密,因而美古关系的前景越发变得"暗淡"起来。

与中央情报局的上述评估颇为相似,美国政府内部越来越多的官员也都认为:"卡斯特罗会允许苏联利用古巴作为共产主义在西半球扩张的一个桥头堡。"既然古巴不会与美国保持友好关系,那么美国必须采取有力措施以动摇卡斯特罗在古巴的地位并推翻他,最终遏止古巴"激进主义"在拉美地区蔓延,维护美国在该地区的政治和经济利益。艾森豪威尔总统甚至强调,如果美国不能有效地对付古巴,"我们将失去整个南美"。在他看来,虽然卡斯特罗可能不是共产党,但他却听从苏联政府的指挥。随着美国与古巴关系的不断恶化,艾森豪威尔政府针对古巴开始采取双轨政策,公开的政策是联合其盟国对古巴进行经济封锁,既包括冻结古巴在美国的一切资产,禁止与古巴的一切贸易往来及要求美国私人公司对古巴实施自愿禁运等;同时还给其盟友施加了巨大压力,如阻止荷兰、法国、西德给古巴贷款,并对1960年9月通过的《对外援助法》专门增加了修正条款,规定在经济和军事上帮助古巴的国家,不得接受美国的援助。然而由于社会主义国家苏联及中国等向古巴提供了大量的经济和技术援助,这在一定程度上帮助卡斯特罗挺过了西方的封锁。

3."冥王星行动"无果而终

之所以将艾森豪威尔政府针对古巴推行的政策称作是双轨政策,是指除了进行经济封锁之外,美国还尝试采取其他一些秘密举措试图推翻卡斯特罗政权。中央情报局局长艾伦·杜勒斯(Allen W. Dulles)对此毫不讳言,他公开承认:"我们的确有一个政策,那就是以这样或那样的方式推翻卡斯特罗。"

谈及中央情报局组织筹划推翻卡斯特罗政权的秘密行动,最让人津津乐道的就是中央情报局针对卡斯特罗开展的一系列暗杀活动。这位古巴领导人一生究竟躲过了多少次的暗杀行动,按照英国一家媒体的披露,数字是638次。当然中央情报局开展的这638次暗杀活动每次手段都不一样。也就是说,美国中央情报局共使用了包括蛇蝎美人计、爆炸海螺计等638种暗杀方法,试图从肉体上消灭这位古巴领导人,但没有一次获得成功。后来卡斯特罗曾幽默地说:"如果奥运会有遭受暗杀次数这一项的话,我是绝对的冠军。今天我还活着,这完全是由于美国中央情报局的过错。"

虽然暗杀活动的具体措施后来被描述得五花八门,同时也变成了最吸引人好奇心的方式,但美国政府寻求尝试推翻卡斯特罗的秘密方式却远不止于此。相反,通过尝试组织培训古巴流亡分子然后将他们送回古巴进行游击战,才是中央情报局尝试推翻卡斯特罗政权真正的撒手锏。当年在巴蒂斯塔政权即将被推翻的时候,美国曾帮助500多名该家族成员和古巴政要于1958年12月底逃到了美国,这批人对卡斯特罗可谓是恨得咬牙切齿,因此他们也甘心配合美国来推翻卡斯特罗政权。

为了更好地实施针对古巴采取的行动,1960年1月13日,美国政府设立了一个古巴特别小组,成员包括负责政治事务的助理国务卿、国防部副部长、中央情报局局长和总统国家安全事务特别助理等官员,他们每周定期召开会议,商讨制定推翻卡斯特罗的秘密计划。1月18日,中央情报局下设西半球事务处又特别成立了"古巴专门小组",该小组最初只有40人,但及至1961年4月"猪湾登陆"行动开始前已经扩展到588人,成为中央情报局内部最大的秘密行动部门,专门策划并实施攻击古巴的各种行动方案。经过筹划,1960年3月16日,中央情报局主导制定的"冥王星行动"(Operation Pluto)计划正式出炉,目标是"以一个符合古巴人民的真正利益并能够为美国所接受的政权来取代卡斯特罗政权,同时还要避免给人以美国正在干预的印象",该计划实际还为后文将要提及的"猪湾登陆"计划奠定了基础。

"冥王星行动"主要包括如下内容:

①将古巴境外的大约184个反卡斯特罗组织统一起来,以便在古巴境外建立一个"负责的、有吸引力的和团结的古巴反对派组织"来统一开展反卡斯特罗行动。

②利用广播、传单及报纸等不同媒介工具展

开针对古巴的强大宣传攻势,以此破坏古巴领导人的形象、煽动古巴民众对卡斯特罗政府的不满以削弱其执政基础。

③建立一个针对古巴的情报和反情报系统,以响应流亡政府的行动。

④由中央情报局负责在古巴境外秘密训练古巴流亡分子,建立一支准军事部队,为将来在古巴开展游击活动做准备,并争取在1961年3月1日前完成对古巴的登陆行动,最终达到推翻卡斯特罗政府的目的。

在次日召开的国家安全委员会会议上,艾森豪威尔当即批准了"冥王星行动"方案,并强调"没有比该计划更好的选择来应对古巴局势"。不过,为了避免给国际社会留下美国直接武装干预古巴内政的口实,艾森豪威尔谨慎地提出反对任何美国军事人员直接投入战斗的要求。艾森豪威尔在其回忆录中称:"1960年3月17日,我对中央情报局下令,要他们主要在危地马拉训练古巴流亡分子,以便为他们可能有朝一日返回古巴做好准备。"到艾森豪威尔卸任前,接受训练的古巴流亡分子人数已升至644名。按照中央情报局的规划，等到训练人数达到750人左右的时候，就可以在美国为入侵部队提供空中支持的前提下，在古巴海岸实施两栖登陆，占领一小块区域作为立足点。该入侵部队的主要任务并非一举推翻卡斯特罗政权，而是希望它先想方设法在古巴存活下去并保持完整性，然后控制住这一块立足点，将其作为临时政府驻地，其后美国将对该政权予以承认，给予公开的军事援助，这等于是为美国干预铺平了道路，并最终推翻卡斯特罗政权。1961年1月12日，美国特种部队教官抵达了危地马拉，但此时美国总统换届工作正在紧锣密鼓地进行中，即将离任的艾森豪威尔政府已经不愿意为他们不打算亲自去做的工作承担责任，而即将上任的肯尼迪则不愿意在他们仔细研究之前就作出决定，因此入侵行动只得暂时搁置。

1961年1月19日，艾森豪威尔与肯尼迪举行离任前的最后一次会谈，艾森豪威尔特别向即将上任的肯尼迪介绍了中央情报局正在危地马拉训练亲美古巴军事力量的具体情况，表示美国政府的政策是尽最大努力帮助这些部队，同时向肯尼迪建议这种训练应继续下去并予以加强。此外，

艾森豪威尔(左)和肯尼迪在一起

艾森豪威尔还特别告诫称:"长远来看,美国不能容忍卡斯特罗政权在古巴继续存在下去",因为该政权是苏联的"附庸",并建议肯尼迪继续物色"一个既反对巴蒂斯塔,又反对卡斯特罗的人"来领导古巴流亡政府和制定入侵古巴的具体方案。这就是即将离任的艾森豪威尔总统给其继任者的最后忠告。

二、"猫鼬"与"刺猬"的对决

虽然艾森豪威尔政府在紧锣密鼓地筹划秘密开展"冥王星行动"计划,但在1960年总统竞选期间,出于保密考虑该计划自然不会摆上台面,民主党总统候选人肯尼迪反而对共和党的古巴政策提出了猛烈地批评,控告共和党政府没能有效地遏制共产主义在拉美的扩张,抨击艾森豪威尔政府"允许共产主义威胁出现在仅仅距离美国海岸线90英里(约145千米)的地方",同时强调卡斯特罗作为"最大的危险源","威胁着整个西半球的安全",明确提出下届政府的一个重要任务就是针对古巴发动"认真攻势",以便遏制古巴革命在拉美地区的蔓延。

不过,当1960年11月18日竞选获胜后知悉美国正在筹划的入侵古巴计划之后,肯尼迪还是对"计划的规模和大胆表示惊讶"。10天后,在听取了中央情报局局长就新的军事方案所作详细报告之后,肯尼迪坚定地要求杜勒斯将这项工作执行下去。换言之,面对旨在推翻卡斯特罗的秘密行动计划,肯尼迪无法拒绝,因为这正是他在竞选过程中一直宣扬要做的。

1."猪湾登陆"惨遭团灭

就任总统8天后,肯尼迪便在第一次白宫会议上详细审议了古巴问题。中央情报局局长向与会人员介绍古巴实际已经成为"共产党控制的国家",其军事力量发展很快,应尽快实施入侵计划。之所以强调应该尽快采取入侵行动,按照杜勒斯的解释主要原因如下:

①这批已经接受过训练的古巴人,现在开始变得焦躁不安、急于行动甚至有点难以控制,如果久置不用,他们必然会滋事。

②4月以后危地马拉就会进入雨季,现在正在使用的基地到时候将无法使用。

③危地马拉政府也承受了巨大压力,他们不希望美国无限期地让这些人待在危地马拉,并考

虑不久就关闭这些训练基地,而假若基地被关闭的话,这批古巴人如果不能回到古巴就只能送到美国,那他们很可能会公开表达他们对美国的不满,并给美国政府制造麻烦。

④不久以后古巴军队将取得苏联的装备支援,其包括大批米格战斗机,在捷克受训的古巴飞行员也将回到古巴,那时开展两栖登陆行动很可能会变为"一场大屠杀"。

正是基于上述多种考虑,中央情报局建议发动进攻的日期不能晚于1961年春天,否则卡斯特罗将更难对付。

不过,由于美国国务卿迪安·腊斯克(Dean Rusk)在此次会议上提出,若肯尼迪政府支持公开的军事行动而没有得到美洲国家组织的支持和批准,那么美国在整个西半球的形势将处在严重的政治危险之中。鉴于要寻求得到美洲国家组织的支持和批准还需要一定的操作时间,肯尼迪最终作出指示,要求继续并加强中央情报局目前的活动,包括扩大宣传、强化政治行动和破坏活动;由国防部和中央情报局一起审议在古巴领土上积极部署反卡斯特罗力量的计划,并尽快向他提交分析报告;参谋长联席会议评估在古巴特立尼达地区登陆的可行性;国务院负责与其他拉美国家一起准备一个具体的行动建议来孤立古巴政府。毋庸置疑,肯尼迪是准备在古巴大干一场了。

接到肯尼迪的上述指示后,中央情报局开始进一步筹划如何更好地组织流亡人士入侵古巴。3月15日,美国总统国家安全事务顾问麦乔治·邦迪(McGeorge Bundy)①向肯尼迪介绍了中央情报局重新制定的登陆计划,并表示该计划非常出色,行动显得非常低调,从根本上说像是一次古巴人

---

① 麦乔治·邦迪是美国政府内部参与处置古巴导弹危机的关键性人物之一,当时他负责领导美国国家安全委员会的具体事务。美国国家安全委员会成立于1947年,最初成立的时候是希望它可以作为为总统提供有关外交和防务政策的权威性咨询机构。在杜鲁门时代,其职权并不算大,但到艾森豪威尔执政时期,由于总统力图使国家安全委员会发挥更重要的作用,因此逐渐使它成为由各委员会、各参谋机构和部际委员会所组成的一个庞大体系的最高机关。而及至肯尼迪上任之后,他认为国家安全委员会不应该成为高居"决策顶峰"的庞大官僚机构,而应该成为"一个亲切交谈的场所",最终遵照肯尼迪的指示,麦乔治·邦迪接管安全委员会后,大刀阔斧地撤销了一些专门委员会,并把继承下来的那个摊子的剩余部分打烂,组成了一个精干而灵便的国家安全委员会班子,使其成为满足肯尼迪特殊需要的一个工具。尽管邦迪是共和党人却在1960年的总统选举中支持了肯尼迪;再加之邦迪本人有聪明才干且是个"工作狂",对任何事情都有浓厚的兴趣和极大的热情。肯尼迪总统对其十分倚重,曾对朋友们讲,邦迪是他生平所见到为数不多的有才华的人之一。

二、"猫鼬"与"刺猬"的对决

的行动。

但即便如此,肯尼迪仍然感到心里没底,3月29日在讨论古巴问题的会议上,他再次指示中央情报局通知古巴部队的领导人,不会允许美国的进攻部队以任何方式参与或者支持入侵行动。此外,肯尼迪还想了解的就是,这批接受训练的古巴人是否真的认为在没有美国军事干预的情况下他们能够取得成功,以及他们是否愿意按照他设定的限定条件开展行动。古巴流亡分子很快给出了积极的回答,表示尽管有肯尼迪的限制条件,但他们还是希望继续行动。

尽管从"冥王星行动"的提出到具体准备执行"猪湾登陆"持续了长达几年的筹划准备,但受各种干扰因素影响,最终行动的日期一再修改,由原来的4月5日推迟到4月10日,最后确定为同月17日;同时入侵的登陆地点也由于肯尼迪个人的反对而临时作出调整,由原定的在古巴中部的特立尼达(Trinidad)登陆移动到了往西100英里(约160千米)处的猪湾。肯尼迪做此调整的理由是特立尼达太过"吵闹",但实际上他不知道的是,特立尼达是反卡斯特罗势力的温床,而猪湾则是卡斯特罗最喜欢的钓鱼场所,同时那里也是卡斯特罗在古巴颇为流连的地方之一。

猪湾登陆首次发生在1961年4月17日凌晨,但登陆行动刚刚发动就遭到了严重挫折。由于中央情报局分析人员此前只是参考航空照片标记出了登陆航道,但及至登陆行动真正开始之后,他们才发现通往海滩的路被珊瑚礁阻挡住了,而他们先前将这些珊瑚礁错误识别成了海藻或反射光。由于受到珊瑚礁的阻拦,登陆艇被迫在距离岸边75码(约70米)的地方停下来,登陆士兵只能携带重型装备蹚过齐腰深的海水来到岸边。中央情报局的失误远不止于此,其分析人员原本还预测猪湾海滩将是荒芜而寂静的,但等到登陆行动开启之后,诚如负责指挥行动的一名中央情报局官员所言,海滩"像科尼岛(科尼岛是位于美国纽约市布鲁克林区的一个半岛,是著名的旅游胜地,晚上灯火通明)一样明亮",同时沙滩上还正在举行派对。

战斗打响之后,由于多少有点出其不意,雇佣军一度占领了吉隆滩和长滩,并向北推进,但他们和美国政府都过于低估了卡斯特罗政府的政治智慧和抵抗决心。实际上,早在"猪湾登陆"前,古巴便通过美国媒体报道获知了美国可能要利用古巴流亡分子入侵古巴的计划。1961年1月出版的一期《纽约时报》干脆以《美国正在一个秘密的危地马拉空军基地帮助训练反卡斯特罗的力量》为标题进行了报道,肯尼迪对来自国内的这些"猪队友"极为不满,抱怨称:"卡斯特罗连间谍都不需要安插在这里,他所要做的不过是看看报纸而已。""看完报纸"之后,古巴外长迅疾在联合国安理会揭露美国正计划使用在危地马拉、洪都拉斯和迈阿密训练的雇佣军对古巴实施入侵,要求联合国谴责美国的侵略行径。及至战斗真正打响,卡斯特罗充满了战斗到底的决心,甚至下定决心万一失败就进山打游击。不过,随着时间的推移,几个昼夜之后,卡斯特罗不仅挺住了甚至还掌握了主动权,随着古巴人调来坦克,同时T-33教练机①向入侵者的阵地发起进攻,击沉了两艘运载弹药和通信设备的驳船,登陆者的处境便变得十分危急。尽管白宫方面晚些时候批准了用B-26轰炸机为海滩上的地面部队提供近距离空中支援,但不幸

---

① T-33教练机是一款老式教练机,配备机枪和翼下挂载的火箭弹。尽管把它们称作"战斗机"有些勉强,但它们却比"古巴旅"所能投入使用的任何飞机都要好。

的是大约有一半的B-26轰炸机被T-33教练机和"海怒"战斗机击落。到4月20日,传来了令古巴人民感到高兴的消息,哈瓦那电台在凌晨时分宣布:雇佣军被粉碎了,人民胜利了!战斗持续了72个小时,缴获了大量战利品。而从人员伤亡情况来看,上岸的1400人中,有100多人被打死,另

描绘猪湾战斗的古巴绘画作品

"猪湾事件"中被俘虏的美国雇佣兵"古巴旅"

有约1200人当了俘虏。

分析卡斯特罗获胜的原因,除了斗志昂扬和精心应战之外,实际上还同他在古巴国内有较高的威望密切相关,由于中央情报局当时在开展情报评估时更多的是围绕古巴逃亡者群体展开,这导致它们得出的结论就是卡斯特罗在古巴非常不得人心,如果反叛者高举起义大旗,那广大古巴民众将会群起而响应。然而事后看来美国另一家政府机构美国新闻署在1960年初开展的一项调查结果貌似更为准确。该机构在哈瓦那抽取了400~500名古巴人作为样本来进行调查。结果显示,大多数古巴民众希望古巴坚持社会主义(socialist)体系,几乎没有人选择资本主义;同时大多数人认为菲德尔·卡斯特罗的性格是诚实、理想、富有勇气和充满人性；劳尔·卡斯特罗充满理想主义和有勇气，富有革命激进主义；切·格瓦拉（Che Guevara）①有革命能力和智慧，富有理想主义和有勇气。不过由于该机构在情报评估方面远没有中央情报局那么有分量，这导致它的这些发现最终被决策层直接忽视掉了，而这也成了导致美国"猪湾登陆"惨败的一个重要原因。

切·格瓦拉

有意思的是，4月17日这一天恰好是苏联最高领导人尼基塔·赫鲁晓夫（Nikita Khrushchev）66岁的生日，在赫鲁晓夫的儿子谢尔盖·赫鲁晓夫（Ser-

---

① 切·格瓦拉于1928年生于阿根廷，大学期间及大学毕业后不久，他曾开启两次拉美旅行，在此过程中逐渐形成了自己的革命意识。1955年，他同卡斯特罗兄弟在墨西哥城相遇，并迅速加入了卡斯特罗组织的"七·二六运动"组织。古巴革命胜利之后，他被授予"古巴公民"身份，并先后担任古巴国家银行行长、工业部部长等职。1965年，他离开古巴先后前往刚果（金）及玻利维亚试图传播革命火种，并于1967年因当地农民的出卖被由美国中央情报局训练的玻利维亚政府军逮捕并快速枪决。在其死后，切·格瓦拉的肖像已成为反主流文化的普遍象征、全球流行文化的标志，同时也是第三世界共产革命运动中的英雄和西方左翼运动的象征。《时代》杂志将切·格瓦拉选入20世纪百大影响力人物。

二、"猫鼬"与"刺猬"的对决

gei Khrushchev)看来,这就是他父亲从美国新总统那里得到的礼物。在听到有关美国入侵的消息后,苏联最高领导人的情绪变得非常低落,他起初认为卡斯特罗抵抗不住美国人的入侵,同时赫鲁晓夫还痛心没有及时给古巴人送去足够的武器特别是飞机,这导致他们实际上没有任何空中防卫力量。但正是由于美国发起的此次入侵,刺激卡斯特罗不再犹豫,在战斗最激烈的时刻响亮地宣布他选择了社会主义,他决心以社会主义者的身份要么战死,要么赢得胜利。卡斯特罗做此选择却没有完全得到赫鲁晓夫的认同,因为赫鲁晓夫认为卡斯特罗在当时做此决断"真不是时候,他断了自己的后路,现在美国人是不会放过他的,谈判的希望没有了"。不过从另一个方面来讲,卡斯特罗的这种自我牺牲精神却给赫鲁晓夫留下了强烈印象。

在听闻古巴获胜的消息后,赫鲁晓夫特意向自己的新朋友菲德尔·卡斯特罗发去了诚挚的贺电。不过,赫鲁晓夫却不认为古巴已经彻底安全,相反它只是赢得了暂时的喘息机会,他毫不怀疑美国人不会就此罢休,特别是由于卡斯特罗已经公开宣布加入美国人所反对的阵营,这更是深深地刺痛了美国人的冷战神经。据赫鲁晓夫回忆:"我脑子里弥漫着这样的想法:美国人不能容忍卡斯特罗的古巴紧挨着他们。他们会采取一些措施。"另一位苏共中央高级官员、苏联部长会议第一副主席米高扬则特别提醒卡斯特罗,称虽然这很"愚蠢","但事实表明他们将会再组织对古巴的入侵"。卡斯特罗深切地感受到了苏联方面对古巴未来的担心,他回忆道:"他的盟友的焦虑是个人的和思想上的,赫鲁晓夫非常热爱古巴……他为古巴担忧,因为他是一个有政治自信、有政治原则和有政治理论的人,而且他始终和那些原则一致。在资本主义和社会主义对抗方面,他一直在思考着。"

赫鲁晓夫之所以对保证卡斯特罗的执政地位如此上心,除去对卡斯特罗个人的欣赏之外,更多的还是由于卡斯特罗向国际社会响亮地宣布要坚持走社会主义道路,这使得保卫古巴不再只是涉及赫鲁晓夫威信的问题,而且它直接关系到苏联在整个社会主义阵营的威望问题。换言之,苏联要么坚决捍卫自己在西半球的志同道合者,向拉丁美洲民众表明,苏联是可以依靠的,要么……一切保持原状,听任美国来进行制裁、摧残镇压人民。现在赫鲁晓夫不得不一心考虑这样一个问题,那就是究竟应该怎样援助古巴,怎么办。

就如大家可能已经想到的那样,最直接的办法可能就是在"猪湾登陆"胜利后立刻扩大向古巴的武器供应,同时不要再像以前那样只给它供应些过时的武器,相反应向其供应最现代化的装备。但是由于古巴距离苏联过于遥远,一旦美国真正发动侵略,各种解救方法都会因为距离而难以解决问题。这就要求苏联必须寻找一个非同一般的解决办法。可是有什么办法呢?接下来在很长一段时间里,这个问题一直在赫鲁晓夫在脑子里盘旋。

2."猫鼬行动"启动

实际情况确实如赫鲁晓夫预判的那样在发展。解密档案显示,"猪湾登陆"失败后,美国并没有放弃尝试推翻卡斯特罗的努力。对美国来说,"猪湾登陆"是一场惨败,它成为"美国历史上考虑得最粗糙、计划得最糟糕、安排得最马虎、执行得最无能的插曲之一"。无论是对个人形象高度关注的肯尼迪而言,还是对美国政府而言,这都是一个令人难以接受的耻辱。就在该事件发生后不久,在写给密友克拉克·克利福德(Clark Clifford)的信中,肯尼迪如此表示:"我怀疑我的总统任期能否挺过另一场这样的灾难。"当然,从冷战全局来看,这位美国总统当时实际更担心的是如果不能有效处置古巴问题,它还可能导致社会主义在拉丁美洲进一步发展。

1961年4月21日,肯尼迪总统要求马克斯韦尔·泰勒(Maxwell D. Taylor)[①]将军成立调查小组

[①] 泰勒(1901—1987),美国四星上将。早在儿童时期他便立下了"参军,作一位陆军少将"的远大志向,后成功考取美国西点军校。"二战"期间曾担任101空降师师长,参加过美军在欧洲的所有空降战役。战后历任西点军校校长,驻朝鲜第8集团军司令,美国陆军参谋长。在20世纪50年代中后期,他提出了著名的灵活反应战略,该战略否定了当时美国国内流行的所谓制止全面战争要靠大规模核报复的威慑和短促、猛烈的战争行动的"大规模报复战略",与之相对,他认为以遏制、限制和打赢有限战争的方法来制止战争升级,从而达到遏制全面战争爆发战略更为适合冷战时期的大国较量,但他的这一观点却遭到了时任总统艾森豪威尔以及国防部长、参谋长联席会议主席等美国军政要人的反对。由于与领导者的分歧越来越大,1959年6月泰勒决定申请退休,告别了41年的陆军,然后潜心酝酿撰写相关的战略问题著作。猪湾事件爆发之后,肯尼迪总统电话邀请泰勒前往白宫商议要事,并最终授权由他来组织一个专门的调查委员会彻查猪湾事件。由于对泰勒最终提交的报告极为赞同,肯尼迪最终决定把泰勒留在华盛顿参与政府决策,并很快任命他为肯尼迪总统的军事代表,职责就是充当总统的参谋军官。1962年10月1日,他宣誓就任美国参谋长联席会议主席,在古巴导弹危机处置期间代表军方"持强硬立场",坚决主张尽早对古巴导弹基地和机场实施猛烈轰炸,并对古巴进行严密封锁。

"总结最近古巴事件中应该吸取的教训"。但泰勒最终提交的报告却对"教训"只字未提,相反它明确提出由于"美国无法与卡斯特罗长期为邻,卡斯特罗是共产主义和反美主义的活跃分子,他在西半球继续存在很可能最终威胁拉美的民选政府",因此认为"美国政府应向针对卡斯特罗实施的政治、军事、经济和宣传行动提供新的指导"。在泰勒报告的提醒下,为挽回"猪湾登陆"惨败的颜面,1961年11月3日,肯尼迪授权助理国防部部长爱德华·兰斯代尔(Edward G.Lansdale)①领衔组成特别小组实施新的针对古巴的行动——"猫鼬行动"

---

① 兰斯代尔出生于1908年,1945至1954年间在菲律宾为美国战略情报局工作,及至战略情报局被中央情报局替代之后,他又为中央情报局工作。在菲律宾工作期间,兰斯代尔与拉蒙·麦格赛赛(Ramon Magsaysay)建立了很好的私人友谊,是麦格赛赛的亲密顾问,后者是菲律宾国会议员,后来担任国防部长并最终于1953年担任菲律宾总统。凭借与麦格赛赛的良好关系,他在菲律宾取得了很好的工作成绩,并因此获派前往越南工作。按照尼尔·希恩(Neil Sheehan)在其著作《天大的谎言》中所作的描述,兰斯代尔在越南期间的工作"证明了一个人和这个人的见识能够在历史中产生影响",如果没有兰斯代尔,"美国在越南的冒险行动一开始就会失败……南越政权可以说是他一手创造"。后来,随着非常规和游击战争开始在美国国防部流行起来,一向擅长自我推销的兰斯代尔就开始自我标榜为是非常规和游击战争问题的专家。及至肯尼迪就任总统之后,特别任命他出任极其机密的"猫鼬行动"的作战参谋。

（Operation Mongoose），旨在"帮助古巴推翻共产党政权，成立一个可以同美国和平共处的新政权"。

"猪湾登陆"更多的是强调开展军事行动，而此次在对古巴局势做进一步深入调查之后，特别是认识到卡斯特罗在古巴国内实际有较高支持率这一现实，"猫鼬行动"将其活动内容做了进一步扩展和延伸。具体而言，它将重点开展以下工作：①寻求在古巴地区获得较高级别的情报信息；②通过其他政治、经济和隐秘行动，煽动古巴发生叛乱活动，或将之发展成需要美国进行武装干涉的行动；③与美国公开的政策保持一致，极力减少美国的经济损失和名誉地位的下降；④继续进行中央情报局的行动计划和美国可能干涉的初步行动。为确保该计划能够得到顺利实施，它重新组建了一个特别小组，由泰勒将军担任主席，美国总统的弟弟时任美国司法部长的罗伯特·肯尼迪（Robert F. Kennedy）是该小

兰斯代尔（1908—1987）

组的积极活动分子,同时他也成为该小组与肯尼迪总统进行联络的重要纽带。鉴于中央情报局负责实施的"猪湾登陆"的惨败,肯尼迪决定将"猫鼬行动"的指挥权交给国防部,并任命国防部的兰斯代尔准将担任行动总指挥,负责为执行该计划提供必要的军事支持,并就执行情况向特别小组作不定期的汇报。

1962年3月14日,肯尼迪总统批准了"猫鼬行动"的指导方针,并确定在随后几个月内美国首先要开展的工作,就是尽可能多地获得目标地区的情报信息,并根据情报结果对形势进行评估,然后筹划制定后续的具体行动计划。吸取"猪湾登陆"惨败的教训,此次美国并没有率先开展直接的军事行动,相反它考虑通过加大经济制裁、实施心理战等方式来削弱卡斯特罗在古巴的统治地位。

早在"猫鼬行动"筹划的起始阶段,出于扩大对古巴实施心理战的考虑,负责美国公开对外宣传的专属机构美国新闻署的代署长唐纳德·威尔逊(Donald M. Wilson)[署长爱德华·默罗(Edward Murrow)因病住院]便被征召加入,负责心理战方面的工作。借鉴冷战在东欧宣传的成功经验,"猫鼬行动"开始后,美国新闻署在选择心理进攻武器时,优先考虑其对东欧国家实施宣传的利器——输出图书和散发传单,然而效果却出乎其预料。由于古巴政府的严密防范,经多次艰苦尝试,美国新闻署的宣传材料仍难以送达古巴人民手中,也就无所谓对其产生什么心理上的影响了。在此情况下,作为后备选择的广播报道便转化成美国对古巴实施心理战在工具上的不二选择。尽管古巴政府利用各种通信信号予以干扰,但是美国新闻署下辖的美国之音依然凭借其强大的技术优势,轻松突破这些干扰而直接使古巴民众收听到广播报道。截至1962年8月,美国新闻署利用美国之音每天进行9小时的西班牙语广播,其中3个小时是特别针对古巴的广播,另外6个小时的节目在面向其他拉美国家的同时也对古巴有所涉及。不过,1962年7月25日,兰斯代尔向特别小组提交的第一阶段工作总结报告却认为,虽然美国新闻署通过美国之音对古巴开展颠覆性宣传,但这些做法收效甚微,因为绝大部分古巴人民没有短波收音机,并不能收听到美国反卡斯特罗的宣传,并且古巴政府采取了各种措施对美国的广播加以干扰。

在对第一阶段行动内容予以总结的基础上,同时鉴于美国从古巴方面获取的情报信息,兰斯代尔建议美国在开展"猫鼬行动"第二阶段活动时,应该尽可能"在不公开使用军事力量的前提下,尽最大可能利用外交、经济、心理和其他压力来推翻卡斯特罗政权"。

3.赫鲁晓夫投下"刺猬"

按照美国政府的逻辑,正是由于其把古巴想象成是苏联的"卫星国"和基地,再加之它不断地在拉丁美洲大陆鼓动革命,挑战了美国在该地区的霸权地位,才导致美国痛下杀手,试图消灭卡斯特罗政权。然而美国的上述逻辑链条可能颠倒了原因与结果的逻辑顺序。因为还有另一种解读方式,那就是由于冷战需要和国内政治考量,促使肯尼迪政府对古巴采取强硬政策,这些政策对古巴和苏联产生了重大影响。换言之,正是美国的这种强硬政策促使古巴倒向苏联一边,以寻求帮助和支持。也许后一种解读方式更加符合历史事实,之所以如此断言,主要是由于美国政府对古巴的强硬政策非但没有推翻卡斯特罗政权,相反却为苏联进入西半球打开了大门。面对美国的经济封锁、外交孤立和军事威胁,古巴迫切需要得到外部的支持和帮助。诚如20世纪美国最后一任驻古巴大使菲利普·邦萨尔(Philip Bonsal)所言,"只是在美国采取了种种试图推翻古巴政府的措施之后,苏联人才赶来救助卡斯特罗"。

赫鲁晓夫在其回忆录中曾这样写道:"我一直在思考这个问题,并不止一次与主席团的其他成员探讨这个问题。每个人都同意这个结论:除非我们做些什么,否则美国人是不会主动放下屠刀的。"当时,无论是在莫斯科从事繁忙的国事活动或是在其他友好国家访问时,赫鲁晓夫都一直全神贯注于古巴的命运以及思考究竟如何才能维护苏联在世界那一面的威望。在对保加利亚进行国事访问时,赫鲁晓夫的大脑还在一直研究这个问题:如果苏联失去了古巴,那将会发生什么事呢?在其看来,这将会是对马克思列宁主义的一个惨重打击,会严重影响苏联在全世界特别是拉丁美洲的形象。但当时苏联所能做的非常有限,除了向联合国提出空洞的抗议之外,它却不能为古巴做点什么。

1961年赫鲁晓夫和卡斯特罗拥抱

就在绞尽脑汁难寻好的破局之道的时候,赫鲁晓夫忽然想到了一个举措,那就是苏联可以在加勒比海地区建立一个看得见、摸得着而且行之有效的威慑力量来对付美国的干涉,这个东西就是导弹。当时出于遏制的目的,美国在西德部署有导弹,同时在土耳其和意大利也部署了导弹,这些导弹的目标实际全都对准了苏联。按照赫鲁晓夫自己的表述,"我的想法是这样的:如果我们秘密地装置了导弹,以后美国在那儿发现了这些导弹已经安装好准备发射,美国人在使用军事手段试图摧毁我们的装置之前就得三思而后行了。我知道美国能将我们的一些导弹打掉,但不会全部消灭。如果我们的导弹有四分之一,甚至十分之一保存了下来——甚至于只有一支或两支大个头导弹安然无恙——我们仍然可以袭击纽约,那么纽约就会所存无几。"实际上赫鲁晓夫并不太关心一颗导弹击中纽约那么大的城市会造成怎样的后果,他更关心的是将导弹部署在古巴,就会抑制美国对卡斯特罗政府搞孤注一掷的军事冒险。毕竟考虑到美国人已经在苏联周围部署了军事基地,并用核武器来威胁苏联,现在苏联也想叫他们尝尝要是敌人的导弹对准你们是何种滋味。用他的话讲,就是"应该往美国人的裤子里塞一只刺猬",在赫鲁晓夫看来,苏联如此行事不过是以其人之道还治其人之身而已,而且他的这一想法实际已被美国的核战略家们推广了近十年。

在保加利亚访问期间,赫鲁晓夫基本已经把在古巴部署导弹的想法想清楚了。从保加利亚回国之后,他立即召集相关官员举行会议,将上述思考和盘托出。会上赫鲁晓夫选择将该想法与卡斯特罗刚刚抗击猪湾入侵的胜利放在一起讲解,称谁要是指望美军第二次入侵会出现像第一次那样糟糕的策划与执行,那他就真的是一个大傻瓜。同时他特别警告称,如果美国再次入侵古巴,那卡斯特罗就可能会垮台,而现在只有苏联才能防止这一灾难的发生。正是在此次内部讨论会中,苏联最终决定把中程导弹、发射装备和伊尔-28轰炸机[①]部署在古巴。

1963年2月6日拍摄的苏联中型轰炸机伊尔-28("小猎犬")的飞行照

[①] 伊尔-28轰炸机是苏联的第一批喷气式轰炸机,它曾经是那个时代的天上霸王,但及至20世纪60年代,由于飞得太慢在敌人领空很容易被击落,它变成了老掉牙的装备。不过苏联之所以此时选择向古巴提供这些飞机,主要是考虑到用它们来对付敌人的登陆部队还是有用的,它特别适用在海岸防卫上,同时该机经过改装还可以执行核打击任务。

当然要想做此部署,还需要同当事国领导人卡斯特罗举行会谈,向他说明苏联的战略设想,以便征得古巴政府的同意。1962年7月2日,古巴武装部队司令劳尔·卡斯特罗率军事代表团访问苏联。在绝对保密的情况下,劳尔·卡斯特罗先后同赫鲁晓夫、国防部长罗季翁·马利诺夫斯基(Rodion Malinovsky)等苏联重要官员就导弹部署问题进行了多次会谈。一直到7月17日,劳尔·卡斯特罗才离开莫斯科回国。由于双方没有发表公报,美国情报部门虽然获悉代表团中有军方人员,但却误判此次会谈没能取得成功。不过抵达哈瓦那之后,劳尔·卡斯特罗却立即告诉欢迎的人群,称内部暴动和流亡分子登陆都不再是威胁了,只有美国入侵才是真正的威胁,"但是现在我们也能对付了"。

随着苏联和古巴就在古巴部署导弹问题基本达成协定,古巴方面希望在部署行动开始之前尽快将协议公之于众,因为两国的做法并没有违反国际法,古巴作为一个主权国家有权接受苏联的导弹,以加强自身防卫。同时在古巴领导人看来,公开部署要比秘密进行更好地维护自身的安全,可以对美国起到某种威慑作用。这样一来,如果美国进攻古巴,就等于对苏联宣战。尽管古巴方面提出了自己的诉求,但赫鲁晓夫并不打算这样做。他要等到一切安排妥当后亲自访问古巴,到那时再正式举行签字仪式。在他看来,部署在先、宣布在后才能达到目的,因为力量的优势在美国方面,如果事先披露美国很可能会采取封锁或轰炸等一切措施来进行破坏;但如果导弹进入古巴阵地,古巴就能与美国以平等的身份说话。因此苏联方面坚持要采取的就是不对外宣布,秘密将导弹运到古巴,最后让美国人措手不及。为了安抚卡斯特罗,苏联国防部长则正式对一个来访的古巴代表团表示:"美国方面不会有大的反应。如果出现问题,我们将派遣波罗的海舰队。"

我们经常会说"理想很丰满,现实很骨感",虽然赫鲁晓夫设想的是秘密将火箭运往古巴,但在苏联着手行动后不久,美国情报机构就发现苏联开往古巴的船只数量突然大量增多,而且船只抵达古巴港口之后,只由苏联人卸货。当时苏联不让古巴人插手干预卸载或组装火箭相关的任何工作。之所以美国方面并没能第一时间获知苏联向古巴运送导弹的准确的直接情报,在很大程度上是由于苏联将这个秘密掩盖得比较好。本书开篇提及的那一幕率先上演,苏联特别选择将一些拆散的导弹部件伪装成是农业机械设备,然后将其与大批拖拉机一起混合偷运进古巴。虽然混入古巴并有着安全身份的美国间谍人员在港口秘密窥探到了苏联货轮卸下的货物,但当一辆辆崭新的拖拉机出现在他们眼前的时候,这些美国密探还是被苏联的伪装所欺骗,他们迅速给华盛顿发去情报,称船上确实是普通得不能再普通的拖拉机和农用机械设备。然而随着抵达古巴的苏联船只越来越多,再加之这些货物的卸载全部都是由苏联人亲手处理,所有这一切还是让美国对苏联的企图表示怀疑,它决定进一步增加对苏联在古巴动向的情报搜集工作,美国船只和飞机开始拍摄每一艘前往古巴的苏联船只,U-2侦察机[①]开始定

[①] 20世纪50年代初,随着苏联防空力量的逐渐强大,美国军方当时使用的波音公司生产的RB-47侦察机基本失去了进入苏联领空开展侦查任务的优势。为了满足情报需求,美国军方开始着手准备研制一种新型高空侦察机。鉴于当时苏联最好的歼击机米格-17飞行高度最高为13000米,新研制的机型飞行高度只要高过它,那就能够确保自身的安全。1955年8月,001号原型机试飞成功,并打破了由英国人保持的22707米升限的世界纪录。其后经过进一步的完善,1956年首批U-2侦察机开始装备空军。美国空军和中央情报局用它来侦察敌后方战略目标,直到今天仍可作为战术侦察机使用。几十年来曾征战全球,侦察过苏联、古巴、朝鲜、中国、越南等国家。

期在该岛上空进行侦察飞行;当年9月,肯尼迪还就苏联在古巴部署所谓的"防御性"武器向苏联发出了两次明确警告,例如在9月13日肯尼迪明确提及,"如果古巴的共产主义建设在任何时候以任何方式危及或干扰我们的安全……或者古巴成为苏联强大的进攻性军事基地,那么这个国家就会采取一切必要措施来保护自己和盟友的安全"。

1962年9月15日,苏联"波尔塔瓦"号舰只驶往古巴

三、两个强人的艰难抉择

针对赫鲁晓夫和苏共中央作出的秘密部署决定,时任苏联驻美大使阿纳托利·多勃雷宁(Anatoliy Dobrynin)回忆称:"赫鲁晓夫想在华盛顿引起震惊,但当最后秘密被揭露时,感到震惊的正是我本人。"为了保密,赫鲁晓夫甚至都没有告诉多勃雷宁事情的真相,多勃雷宁并非通过赫鲁晓夫或米高扬,而是通过美国国务卿腊斯克在肯尼迪向世界宣布在古巴有导弹前一小时得知这一消息的。表面看来,此次部署造成的危机是涉及三个国家及其政府和领导人间的致命对抗,但实际上自始至终却是赫鲁晓夫和肯尼迪作出了所有关键的决定,卡斯特罗更多的只能是扮演一个无奈的旁观者的角色。

1.U-2侦察飞机发现端倪

虽然苏联人尽其所能试图保守将导弹偷运进古巴的秘密,但美国的U-2侦察飞机最终还是将该秘密揭露开来。由于有越来越多的传闻称苏联人已经把能携带核弹头的地对地中程弹道导弹运进了古巴,并且它们正在古巴修建发射这类导弹的基地,美国政府和情报部门开始要求美国高空侦察飞行员在飞往古巴执行任务时应该重点航拍古巴地面的导弹设施,以便核实它们是否带有"进攻性"。1962年10月14日,本书开篇那一幕正式上

1962年10月30日,肯尼迪总统会见美国空军飞行员

1962年10月23日，古巴瓜纳贾伊的1号弹道导弹发射基地

演，飞行员安德森驾驶U-2侦察飞机完成了对古巴的高空侦察拍摄工作。

然而与安德森完成飞行任务之后便去参加舞会截然不同的是，美国的情报专家们在连续工作了10多个小时之后，却明显不安起来，因为他们在安德森此行拍摄的照片中发现了一个惊天秘密。在对该U-2飞机拍摄的照片进行分析研判，美国情报人员很快便辨认出照片实际拍摄到了一些用于储存弹道导弹的建筑物和发射这些导弹的设施,甚至有些导弹都已经安装在机动的发射架上了,所有这些弹头的指向都是美国大陆。尤其令他们感到吃惊的是,这些导弹均为射程达1200英里的中程弹道导弹,能够搭载相当于100万吨炸药当量的核弹头,他们完全可以覆盖对圣路易斯、休斯敦或者华盛顿的轰炸。除此之外,还有几个正在建造的基地,它们是用于安装射程达2500英里的导弹,从理论上讲这些导弹可以摧毁从美国东海岸到西海岸的所有城市。此外,照片还表明,苏联至少已运入古巴25架双引擎的伊尔–28型轰炸机。

为避免作出误判,10月15日,情报专家们再次仔细研究安德森拍摄的这些照片,结果并未改变。最终,他们决定将这一发现报告给中央情报局局长约翰·麦科恩(John McCone)。但不巧的是当天麦科恩去西雅图参加儿子的葬礼去了,因此首批判读结果最先递交给了中央情报局副局长马歇尔·卡特(Marshall S. Carter)中将。卡特中将获知该信息后,同样没敢疏忽,略作权衡后他便直接将电话打到了总统安全事务特别顾问邦迪的家里,告诉了他这个惊人的发现。出于保密考虑,中央情报局副局长是特意使用专用暗语把美军获取了苏联在古巴部署进攻性导弹的确凿证据,以及他将会有控制地分发这些证据的安排告诉了邦迪。有意思的是,就在前一天,也就是10月14日,在接受美国广播公司记者采访时,邦迪还曾表示:"我认为古巴人、古巴政府和苏联政府联合起来试图部署大规模进攻性力量的可能性不大,而且目前也没有这方面的证据。"紧随其后,卡特又把电话打给了国防情报局局长卡罗尔中将,告诉了他照片的分析结果。

邦迪在接到卡特中将的报告后,首先考虑的是要不要立刻向肯尼迪总统汇报这一信息。在经过认真思索之后,他决定当晚先不向总统汇报。之所以如此决定,一方面是考虑到假若总统获知这一消息,会马上要求提供相关照片的判读结果,以便断定消息是否准确,但当时中央情报局的情报分析人员仍然拿不出完整无误的证据资料,因为这些专家们大约还需要再花费一整夜的时间进一步核实;另一方面假若肯尼迪得知此情报,他势必会马上召集官员开会,但当时华灯初上,各位重要官员正在各地参加晚宴,突然召集他们开会势必会引起那些嗅觉敏感的记者们的好奇,而一旦媒体跟进那就别想再保密了。此外,邦迪还考虑到把该消息暂压一晚,还能让肯尼迪总统睡一宿好觉,毕竟当时总统正饱受腰痛之苦,睡眠质量极为不好。

10月16日早晨8点半,邦迪匆匆离开自己在白宫西侧的办公室,乘小电梯到了二楼肯尼迪总统的卧室,把安德森少校拍摄到的情况和中央情报局情报专家们的判读结果向他作了简单汇报,肯尼迪当时只是面无表情地听着,直到邦迪讲了约10分钟之后,肯尼迪才向他询问这些情报是否可靠无误。邦迪回答说:"情报可靠无疑,专家们已经进行了20多个小时的判读分析,得出的结论是准确的。"听完之后,肯尼迪站起身咬着牙齿狠狠地自言自语道:"美国必须铲除这种威胁,无论如何,俄国人的导弹必须从古巴撤走。"

2.封锁还是打击?

如果说此前赫鲁晓夫秘密建设导弹基地是为了占领先机的话,此时随着美国通过U-2侦查飞机发现了导弹基地,那该事件的处理主动权便已经转移到了美国手里,因为接下来在决定如何应对苏联的欺骗时,美国方面有一个巨大的优势,即赫鲁晓夫和卡斯特罗都不知道他们的导弹地点已经被发现。

听完邦迪的汇报之后,早晨9点多肯尼迪总统便开始召集相关官员开会讨论如何应对这场前所未有的危机。参与处理古巴导弹危机的肯尼迪总统的顾问小组后来被称为"执委会",即国家安全委员会执行委员会的简称,其成员包括国务卿、国防部部长、中央情报局局长、财政部部长、邦迪、总统顾问、副国务卿、副国务卿帮办及参谋长联席会议主席等实权官员,此外,负责拉美事务的助理国务卿、原驻苏大使、副国防部长、助理国防部长、副总统、驻联合国大使、总统特别助理及美国新闻署副署长等会不定期地参加会议。为了不使讨论受到限制,同时避免引起人们的注意,肯尼迪总统决定不参加执行委员会的所有会议,但指示执委会需要提出一项或者几项可供其选择的行动方针建议出来。

1962年10月29日，肯尼迪总统参加执委会会议

16日上午11时45分，在内阁会议室召开的首次会议上，中央情报局向与会官员正式介绍了相关情况。虽然中央情报局的情报专家们用指示棒在他们随身带来的地图上向与会人员介绍了导弹基地的具体位置，但由于这些官员对导弹部署的情报信息并不熟悉，所以大多数官员在看完照片之后的第一印象，就是认为这看起来不过是一块可以开辟一个农场或是建造一座房子的地下室的空地而已，肯尼迪总统则认为它看起来更像是个足球场。不过，它却实实在在是苏联人在古巴构筑的导弹基地。

对于苏联在古巴部署导弹，肯尼迪总统及执委会成员最开始的一致反应就是："美国不能接受苏联在古巴部署导弹这一事实",面对苏联的挑战美国必须予以回击。但究竟应采用何种方式予以回击,美国政府内部却存在重大分歧。档案资料显示,从10月16日首次开会讨论至22日肯尼迪通过电视讲话向国际社会揭露该事件的这个星期里,执委会的各位成员讨论的重点就是美国应该如何应对,它们相继讨论过的举措包括:轰炸导弹基地、入侵古巴、秘密接近赫鲁晓夫发出最后通牒,或者开始努力通过封锁来迫使苏联拆除导弹。

现在我们可以从解密档案中准确获知在危机关键时期的讨论过程中,谁说了什么、对谁说了什么、什么时候说的、怎么说的,之所以能对执委会的讨论内容有如此详细的记载,在很大程度上得益于肯尼迪在几个月前指示特勤局在总统椭圆形办公室和内阁厅安装录音设施,而这两个地点是执委会成员开会的主要地点。至于肯尼迪为什么要进行这些秘密录音,波士顿约翰·肯尼迪总统图书馆馆长斯塔塞·布雷德霍夫表示:"我们真的不知道。有历史学家认为,这是因为他希望他们帮他写回忆录;但也有历史学家说,他只是想要一个准确的历史记录。"1985年,这些会议的文字记录和磁带录音开始解密。基于这些新信息,人们才能够真正窥见当时的真实情况。而这些解密档案揭示出的很多信息还证明,当时的许多重要官员对该事件的事后回忆实际并不准确,甚至是与事实真相严重违背。

在讨论的最初阶段,决策层初步的反应是美国实际没有选择,只能以武力迫使苏联拆除这些导弹。美国国防部长麦克纳马拉认为,苏联导弹"根本没有"改变"战略平衡",但接受部署导弹作为既成事实这一选择却需要被立即拒绝,即使它们不构成严重的军事威胁,他们的存在在政治上来讲也是不可接受的;在麦克纳马拉提出上述观点之后,参谋长联席会议立即对他提出的没有改变"战略平衡"的观点提出了异议,毋庸置疑他们更坚持认为美国应该立即采取武力行动,空军参谋长柯蒂斯·勒梅(Curtis E. LeMay)以几乎激怒肯尼迪总统的方式,"就差称他懦夫了,如果不立即采取直接的军事行动的话"。而在讨论和辨别赫鲁晓夫此举的动机和意图时,美国国务院的苏联问题专家、前驻莫斯科大使查尔斯·波伦(Charles E. Bohlen)和卢埃林·汤普森(Llewellyn Thompson)

都认为,赫鲁晓夫打算在古巴使用导弹是为了迫使西方列强离开柏林,因此最初他们都主张美国应该对之开展军事打击。而为了尽可能确保决策正确,肯尼迪总统还特别邀请了一些富有经验的冷战外交官员参加相关会议并提出他们的看法和建议,在受邀参加10月18日的执委会会议时,前国务卿艾奇逊坚持认为军事力量是对付苏联的唯一途径,并敦促立即发动突袭摧毁导弹。当他的建议受到质疑时,他拒绝参加后续的会议。概括而言,在讨论的起始阶段大多数与会人员都认为,美国唯一可以采取的办法就是对导弹基地采取空中打击。据罗伯特·肯尼迪回忆,"我听了这些建议后,给总统递了一个便条:'我现在理解东条在计划袭击珍珠港时的心情了'"。实际上,由于赫鲁晓夫欺骗在先,肯尼迪总统至少在一开始也放弃了寻求外交手段摆脱危机的选项。

但随着讨论的深入,肯尼迪总统开始逐渐恢复理性,但究竟是哪些因素促使他作出转变,直到今天都没有令人完全信服的答案。有间接证据表明,在促使肯尼迪总统转变观点的过程中,副国务卿乔治·鲍尔(George Ball)和驻联合国大使艾德莱·史蒂文森(Adlai Stevenson)扮演了重要角色。在参加第一天的讨论之后,鲍尔就写道:"因为偷袭珍珠港我们把日本人当作战犯来审判,"如果现在突然袭击(古巴),"远远不能建立我们的道德力量……事实上,会疏远文明世界的很大一部分……(他们会)谴责我们是伪君子。"此外,他还援引麦克纳马拉提出的从战略层面来讲部署导弹意义有限作为论据,谴责他们挑起战争的想法,作为替代他提出的选择方案是,美国应该首先尝试用封锁的方法来消除导弹威胁。史蒂文森则指出,虽然美国在加勒比地区拥有优势力量,但任何针对古巴的军事行动都可能遭到苏联在柏林或土耳其的反击,而且这一进程极有可能迅速升级,失去控制。他冷静地指出,"发动或冒险发动一场核战争,充其量只能是加剧分裂。"尽管他理解总统面临的困境,但他却强调:"在我们开始做任何事情之前,可以协商。"

正当美国决策层就如何应对而紧锣密鼓进行筹划的时候,18日傍晚苏联外交部长安德烈·葛罗米柯(Andrei Gromyko)按照双方很久之前就做好的约定前来拜访美国总统。由于当时美国方面还没有决定最后的行动方针,肯尼迪总统决定不告诉他美国已经得知了在古巴部署导弹的信息,因为如若让苏联人知道美国了解了具体情况的话,很可能会使他们取得主动权。所以此次会谈更多的是在听葛罗米柯怎么讲。在白宫总统办公室会面,葛罗米柯开门见山地说,美国应该停止对古巴的威胁……同时他还特别谈到,鉴于美国报界的种种宣传,他要强调的是,苏联绝不会做向古巴提供进攻性武器的事。然而葛罗米柯的上述表态恰恰成了后来美国指责苏联向美国及整个国际社会撒谎的关键证据。

同样是在18日这天,随着讨论的深入,经再三权衡,封锁在决策层中的支持度上升。尽管此时参谋长联席会议仍在继续推动空袭和入侵,但执委会内部支持先行进行封锁的人开始多了起来,从数量上来看那就是"11人赞成封锁,6人赞成空袭"。之所以越来越多的与会人员赞成封锁,主要是考虑到封锁可以被当成是一种有限的压力,它可根据情况需要而进一步施压,同时这亦为美国控制事态后续发展提供了很大的可能。但如果对导弹基地进行突然的空中打击(后来被称作

"外科手术式的空中打击"),至少从军事层面来讲有些不切实际,因为任何一种军事行动都将不得不把古巴的全部军事设施包括在内,而这最终势必会演变成一次入侵。而就在当天晚些时候,海上封锁的准备工作正式开启。

不过,为保守秘密,特别是为了让自己看起来像往常一样根据既定日程行事,肯尼迪总统决定特意飞往美国中西部,在即将到来的国会选举中露面。10月20日上午10点,司法部部长打来电话,告知他执委员已经准备好了可能的应对举措,之后肯尼迪才决定立刻返回华盛顿。为了有所遮掩,接到电话半小时之后,总统身边的工作人员便开始通知媒体和当天预定的竞选活动主持人:因为发烧,肯尼迪总统将按照医生的指示返回华盛顿。美联社在第二天还特别写了一篇详细描述肯尼迪"感冒"的报道,称他"有点儿发烧"和"轻微的上呼吸道感染"。回到白宫后,在与执委会开会讨论各种选择之前,肯尼迪特意去游了会儿泳,然后同执委会成员进行了长达五个小时的会谈,并最终决定将对苏联展开封锁(而肯尼迪更愿意称之为"隔离")。在肯尼迪总统看来,尽管这只是针对古巴和苏联的"有限行动",但"有限行动"是最好的开始方式:如果封锁不奏效,还可以选择更广泛的行动,比如入侵或空袭。

3.肯尼迪发表电视讲话

尽管迟至20日才最终确定了美国接下来要采取的针对苏联的举措,但另一项工作却早在18日晚上就已经基本确定,那就是肯尼迪初步决定将通过电视讲话的方式,向世人说明苏联导弹在古巴的存在和美国实施海上隔离的意图。由于要参与报道电视讲话,原本并不十分起眼的美国政府部门——美国新闻署开始在危机处置过程中大显身手。1962年10月19日,副国务卿乔治·鲍尔(George Ball)召见美国新闻署代署长威尔逊,要求其"找寻一种方法,确保古巴人民可以收听到总统的电视讲话"。

迫于当时一触即发的形势压力,经快速准备,1962年10月20日,美国新闻署便向执委会提交了心理计划报告,明确提出应该"尽最大可能将总统声明覆盖报道给世界上可能接收到的国家,由美国之音进行直播的同时做好后续报道,并且应立即将演讲原文通过无线电讯稿传递给所有可能接收到的国家。"此外,报告还谈到了肯尼迪讲话的时机问题,认为"无论如何美国都要在卡斯特罗或赫鲁晓夫发表声明之前提前发布"。由于仍未接到轰炸还是封锁的最后通知,报告罗列了两份应急计划:①如果决定对导弹基地进行空中打击,"非常重要的一点是轰炸完成美国飞机刚离开古巴,就应该在第一时间发表声明,确保我们发表的攻击声明早于卡斯特罗或赫鲁晓夫的声明";②如果决定实施封锁(而不是空中打击),"同样应由美国率先发表声明,这一声明应该在对第一艘舰艇进行拦截前就发出"。结合美国新闻署的建议,出于争取主动权的考虑,美国总统本来想赶在10月21日发表全国电视讲话,但由于国务院需要有充足的时间事先做好一切外交安排,最终不得不推迟到22日晚上发表。

为了更好地指导国务院和美国新闻署明晰向外国政府和人民说明美国采取行动的原因,争取世界舆论对美国的支持,美国决策层还对美国新闻署就危机对外宣传的重点予以明示。一方面要求其对苏联就古巴导弹基地的声明给予重点报道,"无论公开还是私下苏联都宣称其运往古巴的武器是防卫性的,但真实情况却是人为地在古巴制造新的争端",揭示苏联在此问题上的欺骗性;另一方面要求其向美国民众和国际社会解释清楚美国处置此问题的态度:"虽然苏联的这一鲁莽行动严重威胁到世界和平,但美国仍坚持以公正和自我克制的态度予以对待。"此外,为了引起苏联政府对肯尼迪电视讲话内容的关注,1962年10月22日华盛顿时间晚上6时,美国国务卿腊斯克邀请苏联驻美大使多勃雷宁前往其办公场所,向其介绍总统赋予他一项使命,要他通过多勃雷宁向赫鲁晓夫送交一份总统个人信件,同时向其通报总统将向美国人民发表电视讲话来说明相关情况,该电视讲话将在一小时之后就通过广播和电视播出。

晚上7时,肯尼迪总统正式向全国发表"关于国家处于最紧急状态"的电视讲话,以此"向世人说明苏联导弹在古巴的存在和我们实施海上隔离的意图"。下面有段肯尼迪电视讲话的原声录音,感兴趣的读者可以点击收听一下,以便对肯尼迪电视讲话内容有一个完整的了解。当然,在此次讲话中肯尼迪并没有谈及他的"感冒",而公众也是在电视画面中看到肯尼迪之后才知道这实际是一个小小的骗局,不过这种小骗局同苏联政府所做的欺瞒相比,美国民众对之已经完全免疫。10月28日,《纽约时报》刊发由记者亚瑟·克罗克(Arthur Krock)撰写的报道,明确提出这种似是而非的"感冒","对于阻止可能对即将采取的封锁的猜测是完全必要的,因为做到完全保密对处理该事件必不可少"。

1962年10月22日肯尼迪发表电视讲话

除了通过电视向美国民众进行直播报道之外,美国之音同其他9家国内电台还通过电波用西班牙语向全世界进行了直播报道,而在演讲结束后24小时内,总统电视讲话用英语及其他37种语言重复向世界所有地区的听众进行播出,听众数量创造了新的世界纪录。在对本次报道效果进行分析时,美国联邦通信委员会主席牛顿·米诺(Newton Minow)根据设在佛罗里达的监控器获取的数据称,"我们的信号穿透并覆盖整个古巴"。但美国新闻署自我评估时认为,有两家商业电台和美国之音的短波节目受到干扰。美国之音对演讲的短波报道被大多数拉丁美洲国家和世界其他国家收听并由当地广播电台予以转播,但美国之音向莫斯科的播音,从演讲开始到10月23日,干扰率是100%。有鉴于此,1962年10月25日,美国之音调动设在苏联周边的52台发射机,集体向苏联和东欧各社会主义国家人民进行了广播。

4.乱中抉择

肯尼迪的电视讲话无疑彻底揭开了原本被遮掩的有关此次危机的"盖头",不出所料,它迅疾在国际社会掀起了惊涛骇浪,人们第一次发现核战争就在眼前。10月23日,在肯尼迪总统签署隔离令之后,美国海军在古巴四周部署了以8艘航母为核心的90艘舰艇,从佛罗里达到波多黎各一线建起了封锁线,运载军用物资开往古巴的苏联船

1962年10月23日,肯尼迪总统签署针对古巴的隔离令

只大部分都遭到拦截,只有"布加勒斯特"号油轮进入古巴港口。同时美军的战略核导弹部队也都进入"高度戒备"状态,一声令下,这些安装在发射台上的导弹就可以发射。在随后的几天里,紧张局势更是持续加剧,全世界都在怀疑该事件是否有和平解决的办法。

由于对美国的军事准备了如指掌,卡斯特罗确信"在接下来的24到72小时内,袭击几乎迫在眉睫"。为此卡斯特罗下令全国总动员,并命令将炮火集中对准飞越古巴国境的美国飞机,几架低空飞行的空军侦察机险些被击中。此外,由于确信自己无法阻止攻击的发生,卡斯特罗开始变得歇斯底里,当晚他便给赫鲁晓夫写信敦促其应该考虑先发制人。卡斯特罗的这封信对赫鲁晓夫来说不啻是一次警告,因为古巴的局势正在失控。不过并没有完全丧失理智的赫鲁晓夫还在考虑如何想方设法来避免世界末日或任何接近它的事情。当然,在内心深处他同样对美国的反应感到有点愤怒,因为在他看来封锁是一种非法的、残暴的战争行为。为此,10月24日他特意给肯尼迪总统写信强调:这是"赤裸裸的强盗行径……堕落的帝国主义的愚蠢……"

[Embossed Seal of the USSR]

DECLASSIFIED
E.O. 11652, Sec. 3(E) and 5(D) or (E)
By _____ NARS, Date 1/10/74

Dear Mr. President:

I have received your letter of October 23, have studied it, and am answering you.

Just imagine, Mr. President, that we had presented you with the conditions of an ultimatum which you have presented us by your action. How would you have reacted to this? I think that you would have been indignant at such a step on our part. And this would have been understandable to us.

In presenting us with these conditions, you, Mr. President, have flung a challenge at us. Who asked you to do this? By what right did you do this? Our ties with the Republic of Cuba, like our relations with other states, regardless of what kind of states they may be, concern only the two countries between which these relations exist. And if we now speak of the quarantine to which your letter refers, a quarantine may be established, according to accepted international practice, only by agreement of states between themselves, and not by some third party. Quarantines exist, for example, on agricultural goods and products. But in this case the question is in no way one of quarantine, but rather of far more serious things, and you yourself understand this.

You, Mr. President, are not declaring a quarantine, but rather are setting forth an ultimatum and threatening that if we do not give in to your demands you will use force. Consider what you are saying! And you want to persuade me to agree to this! What would it mean to agree to these demands? It would mean guiding oneself in one's relations with other countries not by reason, but by submitting to arbitrariness. You are no longer appealing to reason, but wish to intimidate us.

No, Mr. President, I cannot agree to this, and I think that in your own heart you recognize that I am correct. I am convinced that in my place you would act the same way.

Reference to the decision of the Organization of American States cannot in any way substantiate the demands now advanced by the United States. This

His Excellency
   John F. Kennedy,
      President of the United States of America,
         Washington.

Organization

1962年10月24日，赫鲁晓夫写给肯尼迪总统的信件而为了争取国际社会更多的支持,在危机高潮期间,10月25日,美国还特别要求联合国安理会召开紧急会议,以便借助联合国这个舞台对苏联施压。面对美国提出的上述要求,联合国秘书长吴丹(U Thant)呼吁双方之间设置"冷静期",但被美国断然拒绝。几天之后,逐渐认清形势的赫鲁晓夫开始做出了一些改变。苏联距离哈瓦那有9000英里(约14484千米),但美国发射洲际导弹到苏联只有32分钟。当美国反潜作战部队逼近已经到达封锁线的苏联潜艇时,10月26日,赫鲁晓夫给肯尼迪总统发出了私人信件,在信中他情真意切地表示:"总统先生,我们和您现在不应该再拉那根打了战争结的绳子的两端,因为我们两个人拉得越多,这个结就打得越紧。也许有那么一个时刻,那个结会被绑得太紧,连绑它的人都没有力气解开它,那时候就需要割断那个结了。这将意味着什么,我无法向你们进行解释,因为你们自己完全理解我们国家有什么可怕的力量。"为此他建议:"如果美国总统作出保证,决不参与进攻古巴并解除封锁的话,那么撤除和销毁古巴导弹基地的问题就是一个完全不同的问题了。"

就在美国方面考虑如何回应赫鲁晓夫26日来信的时候,27日早晨,赫鲁晓夫写给肯尼迪的另一封信接踵而至。但这封信的内容同前一封相比却是话锋突转,表示"我们将从古巴撤走我们的导弹,而你们将从土耳其撤走你们的导弹。……苏联将保证不入侵或干涉土耳其的内政;美国也应该对古巴作出同样的保证。"毋庸置疑,此信隐含的信息就是,如果美国入侵古巴,苏联也会入侵土耳其,并导致冲突升级。在罗伯特·肯尼迪看来,赫鲁晓夫这封信件的用语和要旨和以前截然不同,这表明苏联内部出现了严重的混乱。实际上当时美国政府内部同样充满了混乱。当时谁都不知道究竟应该提出什么建议,有人提议写信给赫鲁晓夫,要他澄清他的两封信,也有人建议直接无视这两封信,但实际上大家都没有明确的行动方针。

令问题变得更为复杂的是,10月27日发生的其他几个事件,使得危机似乎越发失控。当天早上,曾驾驶U-2侦察飞机拍摄到古巴导弹基地照片的飞行员安德森少校,在执行另一次高空侦察任务过程中,在古巴上空被苏联萨姆导弹击落身亡。尽管事后证实该攻击决定是未经授权的当地指挥官作出的,但在当时的紧张状态下,听闻该消息后执委会的所有成员都认为开火命令是莫斯科发出的,参谋长联席会议作出的反应是向总统施压,要求轰炸萨姆基地。此外,那天下午,一架U-2侦察机在执行飞往北极圈的空气采样任务时,飞行员由于导航失误,意外地飞越了苏联领空,而这更是有可能会让苏联人把该侦察飞行理解为是美国即将发起攻击的前奏。

在经过白天一天的混乱,特别是执委会高级顾问们对各种应对举措的利弊得失综合考量之后,到了晚上肯尼迪总统决定实施双轨应对举措。一方面不理会赫鲁晓夫发来的第二封信,而只回复第一封,肯尼迪总统在信中提议在联合国的有效安排下,苏联停止在古巴的进攻性导弹基地建设工作,同时确保撤出已经在古巴部署的进攻性武器,而如果苏联能够做到上述两点,那么美国将同意迅速撤销目前所实施的隔离措施并作出不入侵古巴的保证。另一方面,鉴于苏联方面提到美国应该拆除部署在土耳其的导弹,在当时的情境下美国不可能公开作出对等承诺,但为了表达诚意同时不过分刺激赫鲁晓夫,肯尼迪总统特别安排他的弟弟罗伯特·肯尼迪,在司法部部长办公室同苏联驻美大使多勃雷宁会面,由他向多勃雷宁传递肯尼迪总统对赫鲁晓夫的私人保证,即美国随后将会拆除部署在土耳其的导弹,前提是此项工作要以秘密谅解的方式而非公开协议的形式出现在公众和美国的北约盟国面前。

5.赫鲁晓夫发表撤离声明

肯尼迪和赫鲁晓夫是敌人,在意识形态和军事上都是对手,他们轻率地陷入了一场既不想又没有预料到的危险对抗,但同时这两个强人也都意识到,一次事故,甚至一次误读,都可能引发一场核灾难。然而他们的政治义务和国际义务及他们的个人利益,又迫使他们不得不坚持自己的目标,尽管实际上他们都承认他们所能实现的任何目标都比不上核战争的后果。在周六晚上,他们已经彼此靠近了核悬崖的边缘,恐惧进入了他们的盘算之中。由于过于紧张,肯尼迪自己也被矛盾的情绪困扰了好几天,他不确定自己到底是太谨慎了、太激进了、太灵活了、太死板了,还是太担心了。早些时候他曾向其新闻秘书皮埃尔·塞林格(Pierre Salinger)说:"皮埃尔,你意识到了吗?如果我在这场危机中犯了一个错误,就会有2亿人丧生。"随着敌对状态的不断持续,他对他的军事长官们对战争的傲慢态度感到愤怒,他对他的顾问们失去了耐心,因为他们还在继续提出相互矛盾的建议。

赫鲁晓夫的处境也好不到哪儿去。他不分昼夜地守候在他的办公室里,片刻不离。后来他回忆说:"我在克里姆林宫的部长会议办公室里度过了那些最危险的夜晚,经常在办公室里的椅子和衣而睡,……我期待着随时传来的惊人消息,随时准备应付事变。"正是在克里姆林宫办公室里和衣而眠的那些夜晚,使赫鲁晓夫这位易感情冲动和好冒险的人能够静下心来认真对局势加以审视,并最终发现他过去将"肯尼迪当作一个说话强硬而行动怯懦的弱者"是多么错误,同时意识到肯尼迪本人不想把局势弄到无法收拾的境地,更不想引发一场核战争。当然,在这些和衣而眠的夜晚里,赫鲁晓夫想得最多的还是美苏之间的军事实力,特别是在拉丁美洲的军事力量的巨大悬殊。

最终,经过10月27日晚上所作的更加深入的思考,再加之经由多勃雷宁传回的肯尼迪总统的信息已经部分满足了苏联提出的交换条件,这使赫鲁晓夫可以对其国内政坛的反对者们有了一个起码的交代,同时也担心他寻求保护的盟友古巴正处于开战的边缘,于是他在28日通过莫斯科电台发表声明称:"苏联政府下令拆除您所称的进攻性武器,并将其包装后运回苏联。"因而略显仓促地结束了这场危机。在同随后到访的一位东欧官员会谈的过程中,赫鲁晓夫解释称,"我们必须迅速采取行动","这也是为什么我们甚至用无线电联系总统……这次我们真的处于战争的边缘了"。

从苏联解密档案资料来看,1962年10月28日,苏联外交部长葛罗米柯实际曾给苏联驻美大使发布命令,要求其迅速与罗伯特·肯尼迪联系,告诉他已将与他谈话的内容转告赫鲁晓夫,赫鲁晓夫特作紧急答复如下:莫斯科理解罗伯特·肯尼迪受总统指派所表述的想法。今天将通过广播对总统10月27日的信函作出答复,而且答复是最有利的。困扰总统的主要问题,即在国际监督下拆除古巴导弹基地的问题,没有遭到反对:

赫鲁晓夫将在信中作详细解释。虽然葛罗米柯发出了这一指示,但由于电报站耽误发报,多勃雷宁实际是在赫鲁晓夫通过广播作出答复一个半小时后才收到葛罗米柯的上述命令。尽管罗伯特·肯尼迪早就通过广播获知了赫鲁晓夫的回信内容,但当多勃雷宁同他会见时,他还是十分认真地听取了他传达的赫鲁晓夫的答复,并对这一报告表示感谢,声称他将尽快回到白宫,以就苏联政府首脑的"重要答复"向总统汇报。会谈结束之际,罗伯特·肯尼迪还特别补充说,这真让人松了一大口气,"我今天终于能见到我的孩子们了,因为我一直不在家。"

1962年11月1日,苏联官员乔尔吉·朱可夫向莫斯科发密码电报,详细介绍了他与白宫新闻秘书萨林格在10月31日会见的相关内容。在会见过程中,萨林格要求朱可夫向赫鲁晓夫转达:肯尼迪就他做出的拆除和运走导弹的决定向他表示感谢,并表示相信已达成的建立在双方信任之上的协议将为解决其他已成熟的问题开辟道路。萨林格解释称:"总统不想把事情描述成我们对苏联所取得的一个胜利。"该说法部分得到了《纽约时报》评论员詹姆斯·赖斯顿10月29日发表的文章的印证,该文称肯尼迪对政府成员宣布,没有必要利用既成局势对赫鲁晓夫造成伤害。本着这种精神,腊斯克与美国和盟国的50名最主要的和最受信任的记者进行了谈话。11月20日,肯尼迪宣布:"今天赫鲁晓夫主席通知我,在古巴的所有伊尔-28轰炸机将在30天内撤离……我今天下午已经指示国防部长解除我们的海军隔离。"作为交换,美国随后拆除了其在土耳其的几个过时的空军和导弹基地。

1962年11月9日,核查苏联的"伏尔格勒斯"号(Volgoles)舰只

四、导弹危机的后续故事

随着10月28日赫鲁晓夫下令拆除部署在古巴的导弹基地,这场罗伯特·肯尼迪在其回忆录中提及的震撼世界的"十三天"危机已经基本落下帷幕,后续更多的是根据双方达成的公开和秘密协议落实拆除导弹等具体工作。行文至此,有关古巴导弹危机的故事描述似乎也应该画上一个句号。但是历史研究还有一个绕不过去的话题,即对历史事件的评价问题。

1. 美苏究竟谁是赢家?

谈及古巴导弹危机的影响,最经常听到的一个问题那就是,此次危机美苏究竟谁是赢家?抑或更准确地说谁在这场危机的处理过程中占据了上风?

从两大强人的视角来看,肯尼迪肯定认为是美国更占上风,他在最终解决该事件过程中甚至为此还特别警告他的下属和当时仍接受这种指示的记者们,不要因过分公开吹嘘而使赫鲁晓夫感到羞辱。在政府内部,肯尼迪总统却难掩其喜悦之情,他忍不住告诉其国会领袖们:"这是一个伟大的胜利……我们解决了人类最大的危机之一。"与此同时,时任国务卿的腊斯克同样表示,美国人同苏联人"对视",是苏联人先"眨眼"。受此影响,大多数历史学家在撰述该段历史时也都基本认同了上述观点,甚至有的历史学家大胆写道:晚至1970年,"关于谁是真正的胜利者和失败者已经几乎没有疑问了"。为了论证上述观点,该历史学家甚至特别援引事件另一重要当事人赫鲁晓夫的原话,因为赫鲁晓夫自己都承认"为了和平,我们被迫做出了一些大的让步"。然而这只是事件的一方面而已,就如同赫鲁晓夫对该事件的评价绝非仅仅这一句话一样。在另一段未被这位历史学家引用的评论中,赫鲁晓夫却又声称:"我们从肯尼迪那儿得到了无论是美国还是其盟国都不准入侵古巴的保证,这对我们来说,是一伟大的胜利。"

1961年6月3日,肯尼迪与赫鲁晓夫在奥地利维也纳会晤

从国际社会的视角来看,该事件的成功解决至少是使整个人类社会避免因核战争的爆发而陷于毁灭,这对所有人来说都是应该感到庆幸的事情。此外,古巴导弹危机还使肯尼迪和赫鲁晓夫这两个强人都认识到了核边缘政策的危险,这促使他们重新思考核武器的功效问题。同时这两个超级大国的领导人决定应该进一步加强直接沟通以应对可能的重大危机。1962年12月,赫鲁晓夫致信肯尼迪,建议两国共同努力,在肯尼迪第二个总统任期内在全世界销毁核武器。1963年8月5

日,美国、苏联和英国在莫斯科正式签署《禁止在大气层、外层空间和水下进行核试验条约》,苏联领导人赫鲁晓夫、勃列日涅夫及联合国秘书长吴丹出席了签字仪式。援引在条约上签字的美国国务卿腊斯克的原话:"我们三国政府采取了一个步骤,全人类一定希望这将是走向和平、安全的世界的道路的第一步。"8月30日,华盛顿和莫斯科之间还特别开通了第一条"热线",以方便美国和苏联领导人开展直接沟通。

2.苏古关系风雨之后又见彩虹

如果说美苏关系随着肯尼迪与赫鲁晓夫在危机高潮交换照会之时便开始逐步恢复正常的话,苏古关系却正是从此时开始恶化起来了。有学者在描述赫鲁晓夫在古巴导弹危机中的表现时,形容他"就像一只冒险超出自己领地的猫,一旦被发现却又紧张、还带点负罪感地奔逃回安全的地方"。在赫鲁晓夫与肯尼迪谈判的过程中,赫鲁晓夫自始至终都没有与卡斯特罗协商,这对卡斯特罗而言无疑是一种耻辱,而且苏联如此的应对方式似乎也证明了苏联把与美国的关系置于与盟友的关系之上。由于感觉遭到苏联方面的抛弃，在听闻赫鲁晓夫作出拆除决定后，卡斯特罗大骂赫鲁晓夫是浑蛋、是懦夫，盛怒之下砸碎了挂在办公室的一面巨大的镜子，同时卡斯特罗还拒绝撤走导弹和伊尔-28轰炸机。为此，10月30日，联合国秘书长吴丹访问古巴，劝说卡斯特罗不要阻挠撤出导弹和轰炸机。最后卡斯特罗接受了吴丹的劝说，但却拒绝联合国观察员进入古巴监督撤走导弹。在古巴人看来，苏联撤出导弹似乎是在道义上的一个失败，苏联在古巴人心目中的分量不是增大而是在减少。

为了平息卡斯特罗的怒火，苏联决定派遣外交老手时任副总理的米高扬于11月20日前往古巴，希望"他平心静气与古巴人讨论这个局势"。据美利坚大学国际关系学教授、历史学家菲利普·布伦纳介绍，临危受命的米高扬在动身前往古巴前，其妻子已经重病在身，但即便如此，米高扬却感觉前往古巴是他的职责所在，而且他也意识到了自豪感受损的卡斯特罗对于事态的发展来说是何其危险。刚刚抵达哈瓦那之后，米高扬便得知了妻子去世的消息,而当时正在气头上的卡斯特罗原本已经拒绝接见米高扬,他只是在得知这一噩耗之后才改变了主意。等到卡斯特罗与米高扬会面之后,卡斯特罗愤怒地对米高扬说,当这些导弹部署在那里时,"我们没有逮捕任何人,因为我们紧密地团结在一起",但现在古巴人"被一种失望、混乱和痛苦的感觉吞噬了";参会的另一位古巴重要领导人切·格瓦拉则更加气愤,声讨说:"美国人想消灭我们的身体,但赫鲁晓夫的退让却毁灭了我们的精神。"

尽管赫鲁晓夫希望米高扬能平心静气地与古巴人讨论,但在听了古方官员的上述表态之后,米高扬却不想再作过多退让,相反他厉声反驳道:"我们看见你们准备漂亮地死去,但我们相信这不值得漂亮地死。"在双方都发泄完之后,卡斯特罗提出了与美国关系正常化等四五个条件,同时要求苏联全力支持他有关美国放弃在关塔那摩湾海军基地的要求。等米高扬从哈瓦那返回莫斯科并向赫鲁晓夫汇报会谈情况之后,赫鲁晓夫更是决定亲自给卡斯特罗写封信,坦率地表达他对已经发生的事件的想法。在信中赫鲁晓夫写道:"加勒比海危机的最重要一点,就是一个社会主义的古巴的生存得到了保证。要是古巴没有经历这么一场劫难,非常可能美国人已经组织了一场入侵,消灭了古巴的社会主义生活方式。现在危机的高潮已经成了过去,而且我们与美国政府已经交换了承诺,因此美国人要再干涉古巴内政就很困难了。"

1963年4月访苏期间,赫鲁晓夫和卡斯特罗举行会谈,当时卡斯特罗毫无顾忌地抽起了雪茄,手上戴着劳力士手表

中国有句俗话"胳膊拧不过大腿"。在向苏联人表达完怒气之后,卡斯特罗不得不再次面对现实,在苏联承诺增加援助之后,卡斯特罗同意联合国观察员进入古巴进行现场监督,美国也随即解除了对古巴的海上封锁。其后,鉴于美国在拉丁美洲对古巴的封锁进一步加剧,寻求苏联的支持

仍然是其唯一的出路,因此在古巴导弹危机发生半年之后,卡斯特罗选择放下对赫鲁晓夫的怨恨,于1963年4月开始了他对苏联的友好之旅。不管是出于对卡斯特罗的心理愧疚还是出于弥补卡斯特罗所受伤害的考虑,苏联方面对卡斯特罗的此次访问高度重视,并给予了隆重接待。卡斯特罗在苏联访问的时间长达四十天,也算是创造了一个国际外交史上的记录,他不仅同苏联领导人进行了亲切友好的会谈,而且还在苏联多个不同城

1963年卡斯特罗访问苏联期间,一位西伯利亚地质学家将一头小熊送给卡斯特罗

市参观访问。访问期间,一位西伯利亚地质学家还将一头小熊送给了卡斯特罗,后来这头名叫贝加尔的小熊跟着他的新主人到了古巴,不幸的是,小熊根本不能适应当地的热带气候。当然,卡斯特罗此次访问收获的可不止这头小熊,在此次对苏首次访问之后,苏古关系随之迅速升温,古巴从苏联获得了大量的援助,古巴也彻底变成了苏联的"小弟"。

3.未讲完的故事

之所以将古巴导弹危机称作是未讲完的故事,首先是由于与该事件直接相关的很多问题仍然没有得到令人信服的解答,即使该事件发生50多年之后,仍有多位学者在继续就该话题展开后续研究。例如2012年,值古巴导弹危机50周年纪念之际,美国著名智库伍德罗·威尔逊国际学者研究中心特别出版纪念专刊,将从世界各地新搜集的有关古巴导弹危机的档案资料向国际学者予以展示。随着这批新档案资料的公布,它进一步向读者呈现了一个更加完整的古巴导弹危机故事。

这批档案资料首次向世人展示了古巴导弹危机期间开展的大量外交活动,以往学界更关注的是已经广为人知的美苏接触以及联合国扮演的斡旋角色,但这批档案资料却告诉我们,危机高潮期间拉丁美洲多个国家甚至东欧多个社会主义国家也都

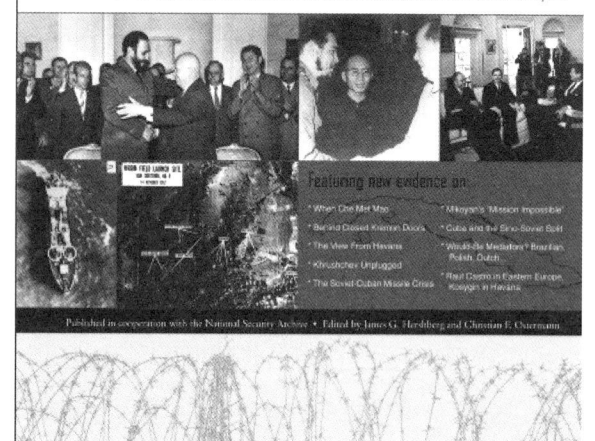

2012年,威尔逊国际学者研究中心出版的古巴导弹危机纪念专刊

在积极为和平解决该事件建言献策。恰如乔治·华盛顿大学冷战史专家詹姆斯·赫什伯格所言,"这些不断增加的以前分布在世界各地的难以接触的档案及其他资料,无疑将会告诉我们新的故事,并且推进我们从已有研究中得出新的观点和信息"。

此外,古巴导弹危机折射出的其他一些问题,同样值得学者们继续选择将该事件作为一个特殊的考察案例来对其展开深入思考。这其中,一直到今天都被学者们津津乐道的一个话题就是国际社会如何做好危机管控问题。按照赫鲁晓夫在其回忆录中所作的描述,"尽管我们把弹道火箭运进了古巴,但我们无意去发动一场战争。相反,我们的主要目的是威慑美国使它不敢发动战争,我们充分意识到对古巴发动的战争很快就会酿成一场世界大战,任何一个愚蠢的人都能在美国与古巴之间挑起一场战争。古巴离我们足有1.1万公里之遥。只有傻瓜才能想象我们要从古巴侵入美国大陆。我们的目标恰恰相反:我们要防止美国人入侵古巴。为此,我们要用导弹与他们对峙,从而使他们不敢轻易下手——这就不得不承受一段充满危险的形势紧张时期"。与之相似的是,在美国发现苏联方面掩盖的秘密之后,美国决策层实际同样断定这些导弹并不能改变美苏之间的力量对比。那既然如此,为什么该事件最终却演变成了整个冷战时期最有可能将整个人类拉入到一场核战争中的危机呢?对该问题,直到今天学者们仍然对其充满兴趣,并积极尝试从多个角度来对其展开研究。

同时还有学者提出,有必要重新审查古巴导弹危机的定义,特别是仅仅研究危机高潮期间的"十三天"是否足够。之所以提出该问题,是由于如果把该事件的考察范畴延伸至1961年4月的"猪湾登陆",到1962年11月苏联最后一批导弹和轰炸机离开古巴的20个月,抑或是进一步延伸至1949年8月苏联成功试验第一颗核武器以来的13年,很可能会得出一些明显有别于以往研究的结果。随着历史镜头的扩展,会发现与该话题相关联的内容将会变得更加复杂、更加政治化,随之而来的就是它呈现出了更多的误判、更多的意外后果。也许这就是历史研究最吸引人的所在,"一千个人眼中有一千个哈姆雷特",同样,一千个人眼中也有一千个古巴导弹危机。

参考资料

1.赵学功:《十月风云:古巴导弹危机研究》,天津人民出版社,2008年。

南开大学赵学功教授撰写的这本书,重点利用美国最新解密档案资料,按照时间顺序详细梳理了古巴导弹危机的来龙去脉,同时还对该危机发生的根源、从中可以吸取的教训等内容作了细致总结概括。

2.[苏]赫鲁晓夫:《赫鲁晓夫回忆录》(上下卷),赵绍棣等译,中国广播电视出版社,1988年。

作为该事件的直接当事人之一,苏联领导人赫鲁晓夫在其回忆录中专门用一章来描述"卡斯特罗和加勒比危机",并就他同卡斯特罗的关系发展演变、之所以做出在古巴部署导弹的动因及他最终处置古巴导弹危机的心路历程等内容进行了汇总整理。当然,作为回忆录,其中不乏有一些内容会有所遮掩,读者可以参考其他相关著作来对其所作描述加以考证。

3. [美]罗伯特·肯尼迪:《十三天:古巴导弹危机回忆录》,复旦大学历史系拉丁美洲研究室译,上海人民出版社,1977年。

该书作者罗伯特·肯尼迪是美国总统约翰·肯尼迪的弟弟,古巴导弹危机期间作为美国的司法部部长,在"危机"中他成为肯尼迪政府一系列重要决策的主要参与者之一。1967年夏秋之际,他根据其当时所记日记撰写了该书,用第一手资料描述了他眼中的古巴导弹危机。把该书和上面提到的《赫鲁晓夫回忆录》进行比对阅读,可能会给读者呈现出两种不同风格类型的古巴导弹危机故事叙事。

4. [美]格雷厄姆·阿利森、菲利普·泽利科:《决策的本质:解释古巴导弹危机》(第二版)(影印本),北京大学出版社,2008年。

哈佛大学政治学家格雷厄姆·阿利森撰写的《决策的本质:解释古巴导弹危机》一书出版于1971年。作者通过对古巴导弹危机开展个案研究,揭示了美国外交决策的三种模式,即理性行为模式、组织过程模式和官僚政治模式,该书成为研究外交政策决策过程的一本经典之作。1999年该书出版第2版,第2版实际已不仅仅是修订而是重写,它既提炼了原著者阿利森任美国助理国防部部长及哈佛大学肯尼迪政府学院院长时期的一些评论和观点,而随着菲利普·泽利科这位新作者的加盟,更是融入了肯尼迪录音带及最近解密的苏联档案资料等内容,使其成了一本"优于经典、高于原创的著作"。2008年,北京大学出版社出版了该书的影印版。

5.美国电影《惊爆十三天》。

《惊爆十三天》是由罗杰·唐纳森执导,凯文·科斯特纳、布鲁斯·格林伍德主演的剧情片,于2000年12月19日在美国上映。该片用纪实性与戏剧性相结合的手法,讲述了肯尼迪总统在肯尼斯·奥唐奈(Kenneth O'Donnell)、罗伯特·肯尼迪等人的帮助下,在短短的13天内成功处理古巴导弹危机的故事。

6.美国八集迷你剧《肯尼迪家族》(The Kennedys)。

该剧2011年由美国有线频道Reelz Channel

播出,详细记录了美国总统肯尼迪的传奇人生,该剧对本书提到的猪湾事件、古巴导弹危机等都有详细演绎。《肯尼迪家族》本来计划由美国历史频道播出,但因为涉嫌篡改历史、混淆视听,自2009年12月宣布制作时,就引发了研究肯尼迪家族的历史学家及政治左翼的极大争论。例如肯尼迪总统顾问西奥多·索伦森(Theodore Sorensen)在看过早期版本的剧本后,在《纽约时报》头版上称其内容是"复仇的""恶意的"。尽管引发了巨大争议,但该剧播出后还是引起了巨大反响。